DISCIPLINA É LIBERDADE

DISCIPLINA É LIBERDADE

MANUAL DE CAMPO

EDIÇÃO EXPANDIDA

JOCKO WILLINK

ALTA BOOKS
EDITORA
Rio de Janeiro, 2022

Disciplina É Liberdade
Copyright © 2022 da Starlin Alta Editora e Consultoria Eireli.
ISBN: 978-65-5520-486-5

Translated from original Discipline Equals Freedom: Field Manual MK1-MOD1. Copyright © 2017, 2020 by Jocko Willink. ISBN 978-1-250-15694-5. This translation is published and sold by permission of St. Martin's Press, an imprint of St. Martin's Publishing Group, the owner of all rights to publish and sell the same. PORTUGUESE language edition published by Starlin Alta Editora e Consultoria Eireli, Copyright © 2022 by Starlin Alta Editora e Consultoria Eireli.

Impresso no Brasil – 1ª Edição, 2022 – Edição revisada conforme o Acordo Ortográfico da Língua Portuguesa de 2009.

Dados Internacionais de Catalogação na Publicação (CIP) de acordo com ISBD

W733d Willink, Jocko

Disciplina É Liberdade: Manual de Campo / Jocko Willink ; traduzido por Eveline Machado. - Rio de Janeiro : Alta Books, 2022.
256 p. : il. ; 16cm x 23cm.

Tradução de: Discipline Equals Freedom
Inclui índice.
ISBN: 978-65-5520-486-5

1. Autoajuda. I. Machado, Eveline. II. Título.

2021-4143 CDD 158.1
CDU 159.947

Elaborado por Vagner Rodolfo da Silva - CRB-8/9410

Produção Editorial
Editora Alta Books

Diretor Editorial
Anderson Vieira
anderson.vieira@altabooks.com.br

Editor
José Ruggeri
j.ruggeri@altabooks.com.br

Gerência Comercial
Claudio Lima
comercial@altabooks.com.br

Gerência Marketing
Andrea Guatiello
marketing@altabooks.com.br

Coordenação Comercial
Thiago Biaggi

Coordenação de Eventos
Viviane Paiva
eventos@altabooks.com.br

Coordenação ADM/Finc.
Solange Souza

Direitos Autorais
Raquel Porto
rights@altabooks.com.br

Produtor da Obra
Thiê Alves

Produtores Editoriais
Illysabelle Trajano
Larissa Lima
Maria de Lourdes Borges
Paulo Gomes
Thales Silva

Equipe Comercial
Adriana Baricelli
Daiana Costa
Fillipe Amorim
Kaique Luiz
Maira Conceição
Victor Hugo Morais

Equipe Editorial
Beatriz de Assis
Brenda Rodrigues
Caroline David
Gabriela Paiva
Henrique Waldez
Marcelli Ferreira
Mariana Portugal

Marketing Editorial
Jessica Nogueira
Livia Carvalho
Marcelo Santos
Thiago Brito

Atuaram na edição desta obra:

Tradução
Eveline Machado

Copidesque
Carlos Bacci

Revisão Gramatical
Carol Suiter
Fernanda Lutfi

Diagramação
Catia Soderi

Editora **afiliada à:**

Rua Viúva Cláudio, 291 – Bairro Industrial do Jacaré
CEP: 20.970-031 – Rio de Janeiro (RJ)
Tels.: (21) 3278-8069 / 3278-8419
www.altabooks.com.br – altabooks@altabooks.com.br
Ouvidoria: ouvidoria@altabooks.com.br

SUMÁRIO

Este livro é dedicado a

Marc Lee,
Mike Monsoor
e
Ryan Job,

da Equipe SEAL Três,
Unidade de Tarefas Bruiser,
que viveram, lutaram e morreram
como guerreiros.

PARTE 1:

REFLEXÕES

O CAMINHO

As pessoas procuram o atalho. O caminho curto.

E se você veio aqui procurando isso: Não vai encontrar.

O atalho é uma mentira.
Cortar caminho não leva a lugar algum.

Optar pelo mais fácil não o fará ficar como você deseja ser: Mais forte. Mais inteligente. Mais rápido. Mais saudável. Melhor.

LIVRE.

Alcançar seus objetivos, superar os obstáculos e ser sua melhor versão possível não acontecerá do nada. Não acontecerá cortando caminho, pegando atalhos nem buscando o caminho fácil.

NÃO EXISTE UM CAMINHO FÁCIL.

DA DISCIPLINA

Existe apenas trabalho árduo, dormir tarde, acordar cedo, praticar, treinar, estudar, suar, sangue, repetição, labuta, frustração e disciplina. DISCIPLINA.

TEM QUE HAVER DISCIPLINA.

Disciplina: A base de todas as boas qualidades. O controlador da execução diária. O princípio essencial que supera a preguiça, a letargia e as desculpas. A disciplina derrota as infinitas desculpas que dizem: Hoje não, agora não, preciso descansar, farei isso amanhã.

Qual é o caminho? Como você fica mais forte, mais inteligente, mais rápido, mais saudável? Como fica melhor? Como consegue a verdadeira liberdade?

Só existe um caminho.

O CAMINHO DA DISCIPLINA.

POR QUÊ

Por quê?

Muitas e muitas vezes me perguntam: Por quê?

O que me motiva.

Quando eu era mais jovem, estava me preparando para a guerra.

Sabia que, em algum lugar, outro homem também estava se preparando.

Esse homem era meu inimigo.

Ele trabalhava, treinava, planejava e se preparava para me encontrar no campo de batalha.

Eu não sabia quando. Nem onde.

Mas sabia que, em algum ponto, nos encontraríamos.

E eu queria estar pronto.

Pronto mentalmente.

Pronto fisicamente.

Pronto emocionalmente.

Então eu treinei. E me preparei. E fiz tudo que podia para ficar pronto para esse dia.

Quando me tornei líder, adotei a mesma abordagem.

Preparei meus homens do mesmo modo:
Treinar brutalmente e sem misericórdia
para podermos lutar brutalmente e sem misericórdia.

E chegou o dia.

Encontramos o inimigo no campo de batalha.

Estávamos prontos, lutamos

e vencemos.

Então, um belo dia, acabou.
Eu não era mais um soldado; não era mais um líder de homens.

Não estava mais me preparando ou preparando meus homens para a guerra.

Então, o que me motiva agora?

A resposta é simples:

Os homens que não voltaram para casa.

Marc, Mikey e Ryan.

Não, não são apenas eles.
Há outros.
Centenas de outros.

Milhares de outros.

Incontáveis outros.

Que lutaram e morreram para me abençoar com a liberdade.

E, por eles,

farei com que cada dia, cada minuto, e cada segundo valham a pena.

Viverei para honrar seu sacrifício —

Uma vida digna do preço que pagaram,

por mim,

por nós.

Não vou desapontá-los.

DE ONDE

De onde vem a disciplina?
A resposta é simples.
A disciplina vem de dentro.
A disciplina é uma força interna.

Com certeza a disciplina pode ser imposta por uma pessoa, como um instrutor militar, ou um guru de autoajuda na TV, mas a verdade é: Essa pessoa não lhe dará uma disciplina real.

Por ser uma disciplina vinda de fora, falta a ela força. Ela não sobreviverá. Não se sustentará sozinha. O que você busca,

o que você precisa, é a AUTODISCIPLINA.

A autodisciplina, como o próprio termo sugere, vem da PRÓPRIA pessoa. VOCÊ.
Ela surge quando você toma uma decisão de ser disciplinado.
Quando você decide ser melhor.

VEM A DISCIPLINA?

Quando você decide fazer mais, SER mais. A autodisciplina acontece quando você decide deixar uma marca no mundo.
Se você não se considera disciplinado:

> É porque não decidiu ser disciplinado. AINDA.
> É porque não a desenvolveu. AINDA.
> Porque não se tornou. AINDA.

Então, de onde ela vem?

> Ela vem de *você*.

Portanto, tome a decisão.
Assuma o compromisso.
Torne-se a disciplina — aceite seu poder frio e implacável.
E ela o tornará melhor, mais forte, mais inteligente, mais rápido e mais saudável do que qualquer coisa. E o mais importante:

Ela o libertará.

SUPERANDO A PROCRASTINAÇÃO:

As pessoas querem saber como deixar de ser preguiçosas. Elas querem saber como parar com a procrastinação.

Elas têm uma ideia em mente... Talvez até uma *visão*.

Mas não sabem por onde começar, então perguntam.

E dizem: "Por onde eu começo?" "Qual é o melhor momento para começar?" E minha resposta é simples:

AQUI e AGORA.

Só isso.
Quer se aperfeiçoar?
Quer melhorar?
Quer entrar em um programa de treinamento, uma dieta saudável ou iniciar um novo negócio?
Quer escrever um livro, produzir um filme, construir uma casa, um computador ou um app?

QUANDO E POR ONDE COMEÇAR

Por onde começar? Você começa exatamente AQUI.
Quando começar? Você começa exatamente AGORA.
Você começa a agir.

SIGA em frente.

A realidade é esta:

A ideia não se materializa sozinha.

O livro não se escreve sozinho. Os pesos na academia não se movimentam sozinhos.

VOCÊ TEM QUE FAZER.

E tem que ser agora. Então, pare de pensar. Pare de sonhar.
Pare de examinar cada aspecto e ler tudo o que pode, debatendo os prós e os contras...

Comece logo.

Dê o primeiro passo e Faça Acontecer.

CORRA ATRÁS.

AQUI e AGORA.

A PESSOA

As pessoas não são quem você quer que sejam. Mate seus ídolos. Com certeza há coisas que podemos aprender com as pessoas, mas elas não serão o que você acha que são, mas o que devem ser.

As pessoas, mesmo aquelas que você colocou em um pedestal, serão culpadas, fracas, egocêntricas, condescendentes. Elas serão preguiçosas, autoritárias, limitadas. Elas não serão perfeitas. Nem de longe.

Tudo bem. Aprenda com as fraquezas delas. Claro: Aprenda com seus pontos positivos, imite-as e copie-as naquilo que fazem bem. Mas é igualmente importante aprender com as falhas delas.

Veja o que não fazer.

QUE VOCÊ PODE CONTROLAR

Porque não é possível controlar as outras pessoas. Você não pode fazer com que elas sejam o que você deseja. Não pode fazer com que elas sejam quem você deseja.

A única pessoa que você pode controlar é você. Então, foque tornar-se quem deseja ser:

Mais rápido. Mais forte. Mais inteligente. Mais humilde. Menos egocêntrico.

Discipline seu corpo. Liberte sua mente.
Levante cedo e siga em frente.
Corra atrás e torne-se a pessoa que deseja ser.
E você torna-se essa pessoa com:

Uma. Pequena. Decisão. Por. Vez.

CONTROLE

Quando as pessoas pensam nas palavras "controle da mente", imaginam pessoas controlando as mentes de *outras*. Não eu.

Penso em controlar minha própria mente.

Sem dúvida, somos seres físicos e obviamente devemos aceitar nossa estrutura física. Mas nós *somos* nossas mentes. E não vou filosofar sobre o que isso significa e onde "VOCÊ" realmente está — uma alma, um cérebro ou um coração, ou algum outro lugar imaginado. O que de fato sei é: Sua mente, a coisa que está lendo e compreendendo estas palavras exatamente agora, isso É VOCÊ.

E isso você pode controlar. Você é a máquina e pode controlá-la.

As pessoas me perguntam: "Como fico mais resistente?"
SEJA MAIS RESISTENTE.

"Como acordo cedo?"
ACORDE CEDO.

"Como me exercito regularmente todo dia?"
FAÇA EXERCÍCIOS REGULARMENTE TODO DIA.

DA MENTE

"Como paro de ingerir açúcar?"

PARE DE INGERIR AÇÚCAR.

Você pode até mesmo controlar suas emoções: "Como paro de ter saudades daquela garota ou daquele rapaz, ou de quem rompeu comigo?"

PARE DE TER SAUDADES DESSA PESSOA.

Você tem controle sobre sua mente. Só precisa insistir.

Precisa decidir se estará no controle, se fará o que VOCÊ deseja fazer.

A fraqueza não tem direito a opinião.

A preguiça não tem direito a opinião.

A tristeza não tem direito a opinião.

A frustração não tem direito a opinião.

A negatividade

NÃO TEM DIREITO A OPINIÃO!

Seu humor não tem direito a opinião.

Assim, da próxima vez que se sentir fraco, preguiçoso, mole ou emotivo, diga a esses sentimentos que eles não têm direito a opinião.

Você está declarando uma lei marcial em sua mente:

CONTROLE DA MENTE.

Imponha a seu cérebro o que você quer:

DISCIPLINA.
PODER.
POSITIVIDADE.
VONTADE.

E use o Controle da Mente para mudar sua vida para aquilo que deseja ser: mais forte, mais rápido, mais inteligente, mais ativo, mais amistoso, mais útil, mais orientado. Não deixe que a mente o controle. Controle sua mente. Então poderá:

LIBERTAR-SE.

PONTO FRACO

Se eu tenho alguma fraqueza? Eu não passo de um fraco. Não sou naturalmente forte, rápido nem flexível. Com certeza não sou a pessoa mais inteligente do mundo.

Fico emocionado com bobagens.
Me alimento de forma errada.
Não durmo o bastante.
Procrastino e perco tempo.
Dou muita importância a coisas sem sentido e não me importo o suficiente com o que é importante.
Meu ego é grande demais.
Minha mente é pequena demais, muitas vezes aprisionada em si mesma.

Agora que tudo foi dito, tenho um ditado: O ponto forte de uma pessoa costuma ser sua maior fraqueza. Mas suas fraquezas podem se tornar seus pontos fortes.
Eu? De modo geral, sou fraco.

MAS

não aceito isso.

Não aceito que sou o que sou, e "isso" é o que estou destinado a ser.
NÃO. Não aceito isso.
Eu luto.
Sempre luto. Eu brigo, enfrento, chuto e ataco essas fraquezas, para mudá-las. Para que cessem.
Há dias em que venço. Outros, não. Mas todos os dias eu me levanto e sigo em frente.

Com meus punhos cerrados.

De volta à batalha. De volta à luta.
E luto com tudo o que tenho:
Para superar as fraquezas, as deficiências e as falhas conforme tento ser apenas um

pouquinho melhor hoje

do que fui ontem...

ESTRESSE

Antes de mais nada, não quero minimizar o estresse que as pessoas enfrentam, mas:
Imagine o que Eugene Sledge passou em Peleliu e as dezenas de milhares de marinheiros que sofreram um horror inimaginável.
Imagine David Hackworth atacando as posições inimigas na Coreia, ferido repetidas vezes na linha de frente, e ainda voltando para atacar mais.
Imagine o poeta de guerra Alan Seeger na I Guerra Mundial se preparando para partir para o ataque e se encontrar com a morte...
Imagine os milhares de guerreiros que partiram antes de você, que aguentaram e enfrentaram a crueldade e a morte.

E agora imagine você. Eu costumava fazer isso para enfrentar o estresse no Iraque.
Sim, sofremos baixas. E, sim, foi horrível, doloroso e cada detalhe foi tão triste quanto consigo imaginar.

Mas os guerreiros enfrentaram algo muito, muito pior: A Batalha do Somme, ou Gettysburg, ou A Batalha das Ardenas ou A Batalha do Reservatório de Chosin. O ser humano consegue aguentar um estresse inconcebível, e você também pode.
Portanto, eis seu primeiro passo: Ganhar perspectiva. E, para tanto, deve fazer algo crítico em muitas situações: Desapegar.
Seja qual for o problema ou o estresse pelo qual esteja passando, distancie-se dele.
Em geral, o estresse é causado pelo que você não consegue controlar.

> A pior coisa em relação ao fogo de artilharia que se aproxima é que você não pode controlá-lo. Ele acontece e cabe a você aceitá-lo. Não se estresse com coisas que não pode controlar.

Se o estresse é algo que você consegue controlar e não faz isso, trata-se de falta de disciplina e responsabilidade.
Assuma o controle. Imponha sua vontade para fazer acontecer. Resolva o problema. Alivie o estresse.

Se o estresse é algo que você não consegue controlar: Aceite-o.
Não é possível controlá-lo, mas como vê-lo de um ângulo diferente? Como usá-lo a seu favor?

Eu não podia controlar o caos do combate.

Tive que aceitá-lo.

Tive que descobrir um meio de tirar vantagem dele.

Transforme-o em seu aliado.

Sim. Não lute com o estresse. Aceite-o. Volte-o contra ele mesmo. Use-o para ficar mais atento e mais alerta. Use-o para raciocinar, aprender, se tornar melhor, mais inteligente e mais eficiente.

Use o estresse para se tornar sua melhor versão.

MODO

De onde vem a mudança? Da sobrecarga. Do modo fúria. Do exterminador total que não cessa nunca? Acho que é algo que se aprende. E é uma difícil lição que nem todos aprendem. É uma lição importante. Crítica. É algo que lhe permite avançar uma distância extra.

Ir um pouco mais fundo.
Forçar um pouco mais.
Correr atrás.

E, de fato, são necessárias duas forças opostas para colocá-la em ação.
Requer *emoção* e *lógica* para ter seu potencial máximo, realmente dar tudo o que se tem, ir além dos limites.

Porque a emoção e a lógica atingirão seus limites.

EXTERMINADOR

E, quando uma falha, é preciso contar com a outra.

Quando simplesmente não existe mais lógica em continuar, é nesse momento que você usa a emoção, a raiva, a frustração, ou o medo, para insistir, forçar-se a dizer: Eu não paro.

Quando seus sentimentos gritarem dizendo que já é o bastante, quando você achar que irá se despedaçar emocionalmente, neutralize essa emoção com uma lógica concreta e força de vontade que dizem: Eu não paro.

Combata a fraqueza emocional com a força da lógica; combata a fraqueza da lógica com a força da emoção.

E, ao equilibrar as duas, você encontrará a resistência, a tenacidade e a coragem para dizer para si mesmo:

EU. NÃO. PARO.

ATÉ

Algo que vi no combate e que tentei mais tarde treinar nas pessoas foi a tendência de relaxar assim que o objetivo principal de uma missão era alcançado. Tentei treiná-las nisso porque não é possível relaxar até que a missão inteira esteja cumprida.

No treinamento, sempre atacamos duramente os pelotões em seu objetivo principal. Porém, sempre os atacamos com ainda mais firmeza depois que eles abandonam o alvo principal, quando estão voltando para a base. Quando suas mentes já estão em casa e "desligadas". É quando mostramos a eles. Atacamos de vários ângulos com todo tipo de violência. Então eles desenvolvem a atitude e a memória muscular para continuar seguindo até o fim.

E, mesmo quando eles voltam para a base, nós os reposicionamos para que comecem a planejar de novo. Não parar. É a mentalidade que eu queria incutir neles:

Nunca está terminado.

O FIM

Sempre há algo mais a fazer.
Outra missão. Outra tarefa. Outra meta. E o inimigo está sempre observando. Esperando. Procurando o momento de fraqueza.
Esperando que você solte o ar dos pulmões, abaixe as armas e feche os olhos, só por um momento.
É quando ele ataca.
Portanto, não pense que terminou.

Está começando. Fique em alerta. Preparado. Continue atacando,
SEJA INCANSÁVEL.

Deixe que o inimigo pare. Deixe-o descansar. Deixe-o terminar.
Você? Não termine. Não pare. Não descanse.
Não até o inimigo estar completamente destruído.
E mesmo assim... Volte seu foco para dentro, para si mesmo e aproveite a oportunidade não para descansar... Mas para se tornar *melhor*, *mais rápido*, *mais inteligente*, *mais forte*.

Porque, com esses objetivos,

nada nunca está acabado.

APLICAÇÃO

A disciplina começa acordando cedo.
É verdade.
Mas é só o começo; sem dúvida você tem que aplicar isso a coisas além de acordar cedo.
É se exercitando todo dia, para ficar mais forte, mais rápido, mais flexível e mais saudável.
É comendo os alimentos certos, para abastecer seu sistema corretamente.
É disciplinando suas emoções, para que possa tomar boas decisões.
Significa ter disciplina para controlar seu ego de modo que ele não saia de controle e o domine.
Significa tratar as pessoas como você gostaria de ser tratado.
É fazer as tarefas que você não quer fazer, mas sabe que elas irão ajudá-lo.

Disciplina significa enfrentar seus medos para que possa vencê-los.

DA DISCIPLINA

Disciplina significa pegar o caminho difícil, a estrada íngreme.

Fazer o que é certo.

Para você e para os outros.

Com muita frequência o caminho fácil nos pede:

Para ser fracos naquele momento.

Desistir em outro momento.

Ceder ao desejo e à gratificação de curto prazo.

A disciplina não permitirá isso. Ela requer resistência, coragem e VONTADE. Ela não aceitará a fraqueza. Não irá tolerar uma diminuição da vontade.

A disciplina pode parecer seu pior inimigo.

Mas, de fato, é sua melhor amiga. Ela cuidará de você como nenhuma outra coisa.

E o colocará no caminho da resistência, da saúde, da inteligência e da felicidade.

E o mais importante, a disciplina o colocará no caminho da LIBERDADE.

QUESTIONE

O conhecimento é uma ferramenta poderosa. É sua principal ferramenta. É de onde vêm suas ferramentas, porque sem conhecimento não há nada. Vamos seguir um passo adiante: O conhecimento é a *arma* suprema; ela vence todas as outras armas.

É o pensamento que vence, é a MENTE que vence, é o conhecimento que vence. E você ganha conhecimento questionando. Quais perguntas deve fazer? Simples: Questione *tudo*. Não aceite nada como verdade.

QUESTIONE TUDO.

Quando não entender uma palavra, pegue o dicionário.
Quando não entender um conceito, examine-o até entender.
Quando não souber como algo funciona, investigue até saber.
Faça cada pergunta que passar pela sua cabeça.
É assim que se aprende.

E o mais importante: Questione-se.

Questione-se todo dia.

Pergunte a si mesmo:
Quem eu sou? O que aprendi? O que criei? Qual progresso fiz? Quem ajudei?
O que estou fazendo para me aprimorar hoje?

Para ser melhor, mais rápido, mais forte, mais saudável, mais inteligente?

É *isso* que eu quero ser? *Isso?* É tudo *isso* que consegui, é tudo que posso dar? É *isso* que será *minha vida?* Eu *aceito* isso?

Faça a si mesmo essas perguntas, as perguntas difíceis, então as responda com sinceridade.

E perceba que todos nós, TODOS NÓS, podemos melhorar. Podemos ser melhores.

E isso tem início quando você passa a fazer essas perguntas...
Portanto, faça a si mesmo as perguntas difíceis e encontre o caminho para o progresso, para a disciplina *e para a liberdade* dentro das respostas.

LUTE

Vá fundo lutando. E eu direi:

Se você luta com tudo o que tem, na maioria das vezes, não cairá. Vencerá.

Mas tem que tornar essa atitude parte do seu cotidiano.
Faça uma repetição a mais.
Corra um quilômetro a mais.
Dê uma volta a mais.
Faça as escolhas certas.

Faça o máximo possível.

Torne-se mais forte, mental e fisicamente.

Enfrente e lute.

Lute contra a fraqueza. Contra o medo.
Contra o tempo e a prostração.
REAJA.
Vá fundo lutando.
Dê tudo o que tem todos os dias.

E, quando enfrentar um desafio, mesmo que seja algo que acredita que não pode vencer ou uma situação em que sabe que não pode vencer, lembre-se:

Você não tem nada a perder.

Então,

LEVANTE-SE. SIGA EM FRENTE.

Saia de cabeça erguida, lutando com tudo o que tem, com toda sua energia, com cada gota de suor, cada gota de sangue, até o último suspiro.

Depois, e só depois, você pode abaixar as armas, largar sua espada e escudo, e descansar: em paz.

CONCESSÃO

Ao trabalhar junto com outros, em situações, negociações e relações dinâmicas, uma pessoa, sobretudo um líder, deve fazer concessões.

Encontrar um consenso entre as equipes. Combinar diferentes abordagens para o mesmo problema. Unir personalidades e pessoas que podem não se entender. Conseguir acordos nos cursos de ação.
Tudo isso requer concessões.
E, em muitos casos, não fazer concessões significa não ser bem-sucedido.
Mas essas são concessões externas, com outras pessoas, outros seres humanos com suas próprias personalidades, éticas e questões. Para unificar, é necessário conceder.
Então, para trabalhar com essas pessoas, a concessão é obrigatória.

Mas, internamente, é diferente.
Comigo mesmo, tenho que aguentar firme.

Existem partes de mim nas quais eu NÃO POSSO fazer concessões.

Vou trabalhar muito.

Vou treinar muito.

Vou me aprimorar.

Não vou descansar sobre meus louros.

Vou admitir meus erros e confrontá-los.

Vou enfrentar meus demônios.

Não vou desistir, parar e nem me entregar.

Vou resistir.

Vou manter minha autodisciplina.

E, nesses pontos, Não Haverá Concessão.

NÃO AGORA.

NEM NUNCA.

PADRÃO

Proatividade e agressividade são traços parecidos, e ambos são bons. Com certeza você precisa ser proativo no mundo. Você quer ditar o que acontece, não ser responsivo. E sim: Isso significa criar ou controlar uma situação o máximo que puder.

Mas ser agressivo significa que você está pronto para atacar.

Como destaquei, isso não significa andar por aí com o peito estufado pronto para enfrentar todos à sua volta.
Não significa confrontar as pessoas, física ou mentalmente, de frente e sem um plano tático maior.
Não significa que você entra direto em um conflito sem refletir nem raciocinar.
Não significa que você entra em uma guerra de exaustão, não. Isso quase nunca demonstra inteligência. O que significa é ir atrás.

AGRESSIVO

Você vai agir rápido.
Vai pensar rápido.
Será mais esperto e enganará o inimigo.

Se acho que o inimigo me atacará, eu o ataco primeiro.
Se acho que ele dominará parte do terreno, fico lá esperando por ele.
Se acho que o inimigo me atacará pelo flanco, tarde demais, eu já o ataquei.

Não vejo a agressividade como atitude externa.
Eu a vejo como um traço de personalidade interno.
Um fogo na mente que diz:

Vou vencer. Vou batalhar. Vou lutar e usar cada ferramenta que tenho para esmagar meu inimigo.
E essa ferramenta pode ser os punhos ou um estratagema.
Pode ser um ataque frontal ou uma manobra pelos flancos.
Pode ser uma demonstração de força inegável ou uma manobra política sutil.

E para mim isso é agressividade: O espírito de luta imbatível. A motivação. O desejo ardente de conseguir o sucesso da missão usando cada ferramenta, ativo, estratégia e tática possíveis para chegar à vitória.

É. A. VONTADE. DE. VENCER.

E, se esse tipo de agressividade interna e incansável é seu MODO PADRÃO,

VOCÊ VENCERÁ.

NATUREZA VS. CRIAÇÃO

O que é mais importante: Natureza ou Criação? Em minha opinião: Nenhuma. Observei pessoas de todas as classes sociais. Nas forças armadas, trabalhei com todo tipo de gente: Garotos endinheirados de faculdades de elite, ex-bandidos, malandros, garotos de escolas preparatórias, de famílias operárias, de famílias poderosas e até sem família, garotos que foram mimados e garotos que foram abusados. E todo o resto. *Tudo.*

E, em todas essas pessoas diferentes, havia bons e maus. Bem-sucedidos e malsucedidos. E, ao trabalhar com empresas, vejo o mesmo: Pessoas de todo nível social, da base até o topo. E vi todo tipo ser bem-sucedido.

Portanto, para mim, não é uma questão de natureza ou criação: trata-se de uma escolha.

As pessoas bem-sucedidas *decidem* que terão êxito. Elas fazem essa e outras escolhas. Elas decidem estudar muito. Decidem trabalhar muito. Decidem ser a primeira pessoa a chegar ao trabalho e ser a última a ir para casa. Decidem que assumirão o trabalho difícil. Assumem os desafios. Decidem que irão liderar quando ninguém mais fará isso.

Elas escolhem com quem andarão e quem imitarão.

Escolhem se tornar quem desejam ser, não se inibem por natureza nem por criação. Elas superam ambas.

E digo ainda: Nunca é tarde demais para fazer essa escolha.
Você nunca é velho demais para decidir onde focará seus esforços e forçará para tirar o máximo de cada situação.
Portanto, não pense no que já passou e onde esteve. Pense em aonde irá e escolha.
Escolha se tornar mais inteligente, mais forte e mais saudável.
Escolha se exercitar, estudar, alimentar-se com qualidade e manter sua mente clara. Não deixe que a natureza ou a criação moldem você.

Escolha **SE MODIFICAR.**

MEDO DE

Medo de fracassar.
O medo de fracassar pode impedi-lo de correr riscos. Pode deixá-lo sentado, paralisado e sem ação.
É óbvio que isso é ruim.
Mas: Eu não quero que você domine o medo de fracassar.

Quero que tenha *medo de fracassar.*

O MEDO DE FRACASSAR É BOM.
Ele o manterá acordado à noite, planejando, treinando, analisando os imprevistos.
O medo de fracassar o manterá treinando pesado.
Ele irá impedi-lo de pegar atalhos.

O medo de fracassar o manterá trabalhando, pensando, se esforçando e tentando sem parar estar mais preparado para a batalha.
Portanto, quero que tenha medo de fracassar.
Eu tenho.

FRACASSAR

Porém, o mais importante,

quero que fique horrorizado, apavorado
de ficar assistindo sem fazer nada.

É disso que eu quero que tenha medo: acordar
dentro de seis dias, seis semanas, seis anos ou
SESSENTA ANOS e nem estar perto de seu objetivo...
Você não fez NENHUM PROGRESSO.
Isso é terrível. É um pesadelo. É o que você
realmente precisa temer: Ficar estagnado.

Sim.

LEVANTE-SE. E VÁ EM FRENTE.

Corra riscos, faça uma aposta, dê o primeiro
passo. Aja.

E não deixe outro dia

escapar.

O CAMINHO DA GUERRA

O Caminho. A Guerra. O Caminho da Guerra. A definição real de "caminho da guerra" significa avançar para uma batalha, uma luta, para a guerra.

E é isso que estou fazendo, e o que sempre fiz. Se era uma guerra real contra os inimigos da nação ou uma guerra contra minhas próprias fraquezas, é isso que estou fazendo:

Preparando-me.
Afiando minha espada.
Aprimorando minhas habilidades.

Mantendo a disciplina diária absoluta:
EM TODAS AS COISAS.
E O Caminho da Guerra é uma estrada, é uma rota, ele leva a algum lugar. Aonde ele leva? Sim, pode levar à guerra.

E isso é bom. Porque eu estou pronto; estou esperando.

Mas a guerra pode não acontecer. E tudo bem.

Como O Caminho da Guerra também é uma guerra contra a fraqueza, *leva à resistência.*

É uma guerra contra a ignorância

e, portanto, leva ao conhecimento.

É uma guerra contra a confusão

e, portanto, resulta em compreensão.

E o Caminho da Guerra leva ao controle e ao domínio de sua vida.
Esse é o Caminho da Guerra, o caminho do fogo e da adversidade. O caminho do sangue, do suor e do sofrimento. Ele é o caminho interminável da disciplina,

e por isso leva à LIBERDADE.

E além disso, no final, o Caminho da Guerra leva à paz.

MENTIRAS AÇUCARADAS

Sim, eu sei. Sei que os donuts são uma tentação. Todo salpicado e colorido. Com recheio de creme.

Coberto de Açúcar!
A Gloriosa Cobertura!

E além de tudo isso: Eles são de graça; alguém os trouxe e os deixou aqui. Bem aqui. Bem na minha frente.
Com certeza deve ser algum sinal, algum milagre, certo?
Quero dizer: comida é comida e se é de graça eu *preciso* muito comê-la.
Seria ingratidão minha dizer não. Certo? Certo?

ERRADO. TOTALMENTE ERRADO.

Donuts não são comida.

SÃO UM VENENO.

O mesmo ocorre com os cookies com gotas de chocolate, o bolo duplo de chocolate holandês, a lata de refrigerante, o saco de batata chips e os cachorros-quentes em pão especial. Todo esse lixo não é comida. Não é combustível para você. Isso o mata. Literalmente. Não o tornará mais forte, mais rápido, mais saudável, mais inteligente nem melhor.

Fará o oposto.

E você sabe disso. Sabe que

NÃO PRECISA DESSE LIXO.

"Mas é a única opção."

ERRADO.

A menos que tenha ficado um longo período sem comida, você não precisa comer.
E certamente não precisa comer esse veneno.

VOCÊ NÃO PRECISA COMER.

Você nem mesmo sabe o que é fome. O ser humano pode passar 30 dias sem comida.
Você consegue.
Sim. Quando essas comidas forem uma tentação, chamando seu nome e o seduzindo com suas MENTIRAS AÇUCARADAS, fique bravo. Fique agressivo. Fique firme na batalha e lute dizendo NÃO.
AGUENTE FIRME. Aguente por sua saúde, sua força mental e exerça sua VONTADE, que, eu garanto, é mais forte que o desejo de comer um donut, se quiser que assim seja.

AGUENTE FIRME.

INSTINTO RUIM

Há um instinto com o qual é preciso ter cuidado,
contra o qual você deve lutar. Ele é um mentiroso.
Um sabotador, um caluniador.
E, como o diabo em pessoa, ele muda de forma...
Ele se disfarçará... fazendo-o pensar que ele tinha
em mente a melhor das intenções. Mas não.
Esse é o instinto que diz:

JÁ CHEGA.

Você deu o seu melhor.
Pode relaxar.
Pode dar um tempo.
Pode se ajoelhar.
Esse é o instinto que diz: você pode descansar
agora. Não lhe dê ouvidos.

NÃO OUÇA.

Porque esse instinto é um mentiroso
e quer acabar com você.

Veja, esse instinto é um mecanismo de defesa do seu ego.

Ele lhe dá uma saída, um lugar para onde correr.
Um lugar de simpatia e anistia, onde tudo pode ser perdoado.

Onde os fracassos se reúnem em conforto e afogam suas mágoas em mentiras e decepção.
Eles dizem um ao outro, e dizem a você: "Você fez o melhor que pôde...", "A situação estava contra você...", "Não é sua culpa..." E também dizem: "Tudo bem parar, tudo bem aceitar. *TUDO BEM DESISTIR.* E é contra esse instinto que você precisa lutar.

Revidar,

para esmagá-lo no chão.

NÃO PEGUE O CAMINHO FÁCIL. Não desista com base no instinto. Se você é forçado a recuar, para escapar, se recompor e atacar de novo, então recue. Mas tome essa decisão com base na lógica, não no instinto de rendição e derrota. Destrua esse instinto. Substitua-o pelo instinto que diz:

LEVANTE-SE. VÁ EM FRENTE. LUTE.

Faça com que essa seja sua reação primordial à adversidade, FAÇA COM QUE SEJA SEU INSTINTO BÁSICO, e irá superar qualquer coisa que entrar em seu caminho.

SEM

Como lido com os dias quando não estou "inspirado"? Aqueles dias em que estou cansado, esgotado ou farto... O que faço nesses momentos?

SIGO MESMO ASSIM. FAÇO MEU TRABALHO.

Mesmo se estou apenas seguindo o fluxo,

EU SIGO O FLUXO.

Não quer *mesmo* se exercitar? Faço os exercícios.
Não quer *mesmo* elaborar um projeto?
Eu elaboro o projeto.
Não quer *mesmo* levantar e sair da cama?
EU LEVANTO E SAIO DA CAMA.
Agora, podem ser sinais de que você precisa de um descanso, e esses sinais podem estar certos.
MAS não tire o dia de folga. Espere até amanhã.
Não ceda à gratificação imediata que está sussurrando em seu ouvido.

INTERROMPA ISSO. NÃO OUÇA.

INSPIRAÇÃO

Faça o contrário: Siga o fluxo. Levante os pesos. Corra pela montanha. Trabalhe no projeto.
SAIA DA CAMA.
Eu não gosto de procrastinação. Mas, se você sente que precisa de uma pausa, isso é algo que deve procrastinar.
Dar um tempo é algo que deixo para amanhã.
E se, quando chegar o dia seguinte, você ainda sentir que precisa descansar ou de uma pausa, então vá em frente: Pare.
Há chances de que você não precisará desse descanso.
Há chances de que perceberá que o desejo de descansar foi só uma fraqueza, foi o desejo de pegar o caminho da menor resistência, o caminho da descida, o caminho para baixo.
E, seguindo o fluxo, você superou essa fraqueza.
E ficou no caminho correto, o caminho disciplinado

Ficou no Caminho da Guerra. —

Exatamente onde sabe que é seu lugar.

ARREPENDIMENTO

Arrependimento. As coisas que eu podia ter feito de modo diferente ou aprendido mais cedo. Há tanto saber por aí, tanta informação, tantos modos de melhorar.

E cometemos tantos erros.

Somos o produto dos nossos erros.

E muitas vezes a lição está diante do nosso nariz:

Bem lá para ser aprendida.

Mas não vemos ou não prestamos atenção nela, ou achamos que sabemos mais. Até que ela nos dá um soco na cara:

O mais importante a aprender é que *temos muito a aprender*.

Todos nós. E podemos aprender na escola, com as pessoas, com a experiência e com a vida.

Mas temos que processar a informação.

Absorvê-la. Você precisa aceitá-la. Precisa abrir sua mente, LIBERTAR SUA MENTE, para que possa aprender a fazer um progresso real.

Existem coisas que lamento e outras que teria feito de modo diferente? Claro. Em retrospectiva tudo é óbvio e, olhando para trás, quem não gostaria de seguir outro caminho em relação a algo e

melhorar fazendo de novo? Então por que não fazer de novo, de novo e de novo?
Quem não gostaria de fazer as coisas mais uma vez até a perfeição?

Mas o fato é que: Você não tem essa chance. Tem apenas uma oportunidade.

Temos uma oportunidade neste show: A vida.
Uma vida, é tudo que temos.

E o mais importante a entender sobre o arrependimento é que, por si só, ele é inútil. Ele não faz nada para você. Na verdade: a única coisa valiosa do arrependimento é a lição aprendida.

O conhecimento que você ganhou.

Mas andar por aí cheio de arrependimento não leva à nada.
Sim. Aprenda e siga em frente.
Não deixe o arrependimento derrotá-lo. Não seja um escravo dele.

NÃO.

Permita que ele o ensine. Permita que ele o torne melhor. Deixe o medo do arrependimento alimentá-lo, para agir hoje, agora.

Aja agora para se tornar uma pessoa sem arrependimento,

mas cheia de saber, resistência, poder

e vida.

FOCO

Em combate, é muito fácil ficar focado porque a batalha está bem à sua frente. Sua única escolha é o foco. Mas, às vezes, no dia a dia, você pode perder a noção do objetivo de longo prazo. Ele desaparece de sua visão. Ele escapa de sua mente.

ERRADO.

Quero que o objetivo de longo prazo esteja tão incorporado em minha mente a ponto de nunca perdê-lo de vista.

NUNCA.

E as pequenas tarefas, projetos e metas de curto prazo com os quais você lida precisam levar a uma vitória estratégica, vencendo a longa guerra.

Mas queremos resultados AGORA. Queremos o atalho para o pódio do vencedor. Precisamos da gratificação imediata. E, quando não temos a glória do curto prazo, às vezes perdemos de vista os objetivos de longo prazo.

Eles *esmaecem*. Perdemos o *foco*.

Então interrompemos as tarefas e as disciplinas diárias que nos permitem atingir nossos objetivos. E lá se vai um dia. Lá se vai outro. E um dia se transforma em uma semana, e uma semana, em um ano. E você procura em seis semanas, seis meses, ou seis anos...

E não fez nenhum progresso:

Nenhum.

Nem se mexeu. Na verdade: Você pode estar mais distante de seu objetivo em comparação com quando começou. Você pode ter andado para trás. Por quê? Por que deixou isso acontecer?

Porque o perdeu de vista.

Perdeu de vista o objetivo de longo prazo. E ele desapareceu. Desapareceu da memória, a paixão secou e você começou a racionalizar:

> Talvez eu não consiga. Talvez eu realmente não queira. Talvez não seja para mim.

Então desiste. Deixa passar. E aceita. Aceita o status quo. Aceita o caminho fácil. Aceita a mentalidade "ah tudo bem".

Não.

Não faça isso. Incorpore o objetivo de longo prazo em sua mente. Guarde-o em sua alma.
Pense nele, escreva sobre ele, fale sobre ele.
Pendure-o na parede.
O mais importante: Faça algo com ele. Todo dia.
Todo dia: Faça algo que o mova em direção a esse objetivo, que mantenha o objetivo vivo, à vista e no foco.
Por menor ou mais insignificante que pareça esse passo, avance. Faça isso.
Faça acontecer. Porque o objetivo não será alcançado sozinho.

É. Com. Você.

HESITAÇÃO

"Entre a ação de uma coisa terrível e o primeiro movimento, todo o entremeio é como um fantasma ou um sonho medonho."

Esse é Brutus, da tragédia *Júlio César* de Shakespeare que, na peça, conspira para matar César, a quem era leal.

E Shakespeare, mestre em compreender a natureza humana, captura esse sentimento. As palavras de Shakespeare seriam traduzidas assim hoje:

"Entre a ação de uma coisa terrível..."
Entre o momento em que você espera fazer algo que não quer fazer...
"E o primeiro movimento..."
e o momento em que inicia a ação...
"Todo o entremeio..."
O tempo todo em que espera para tomar essa ação...
"É como um fantasma ou um sonho medonho..."
é como um espírito das trevas, uma aparição — um pesadelo.

Então a batalha, a luta — a hesitação — ocorrem nesse momento.

Nesse momento, quando precisamos entrar no desconhecido. Aquele momento repleto de medo e horror. É esse medo que causa a hesitação, que por sua vez causa a derrota.

A HESITAÇÃO É SUA INIMIGA.

A hesitação permite que o momento passe, a oportunidade seja perdida, o inimigo consiga vantagem. A hesitação se transforma em covardia. Ela nos impede de avançar, de tomar a iniciativa, de executar o que sabemos ser preciso. A hesitação nos derrota. Portanto, temos que derrotá-la.

Para vencer, tudo o que você deve fazer é superar esse momento: A Espera. A Hesitação. E para tanto, tudo que deve fazer é: Ir em frente. Mover-se. Agir. Sair da cama. Colocar os pés no chão. Avançar.

Não hesite.

Não espere.

Vá em frente: E vença.

SEJA O ALVO

Às vezes, acontecem coisas ruins com pessoas boas.
Eu não sei por quê. A vida não é justa.
Essa é a realidade.
Doenças e acidentes não se importam se a vítima é uma “boa pessoa”.
Não há motivos, justificativas nem misericórdia.
E até a melhor pessoa que você conhece pode acabar nas garras do mal.
E você não pode evitar isso.
E aí? *O que fazer?*
Você ficará com raiva? Frustrado?
Atacará as pessoas?
A quem atacará?
Começará a descer na espiral da negatividade?
Deixará que a situação terrível dite como você se sente e como lida com isso?
Você tropeçará?
Cairá?
Desabará?

Ou assumirá o comando?
Enfrentará o problema com coragem e resolução?

Eu digo: Assuma o comando.

Assuma.

Dê um passo à frente. Seja aquele que as pessoas esperam.
Absorva o impacto e a negatividade.
Seja o alvo. Sim: Seja o alvo.
É quando o membro de um pelotão, por motivos táticos, entra em campo aberto para atrair o fogo inimigo; talvez para dar à outra parte da equipe a chance de se mover; talvez para distrair o inimigo; talvez para ajudar o pelotão a localizar o inimigo.

Mas é o que digo: Seja o alvo. Traga a dor para mim —

Posso lidar com ela, ao passo que os outros não.

Quando coisas ruins acontecerem, eu serei a parte boa, de pé, em quem se pode confiar. Eu sustentarei os que estão à minha volta. E a atitude positiva se propagará. E lutaremos. E, na luta, venceremos. Se não a batalha, e se não a guerra, venceremos:

Porque nosso espírito nunca se renderá.

E essa é a vitória final: Manter a cabeça erguida e mesmo diante da derrota inevitável

Ficar e Lutar.

BOM

Como lido com os percalços, derrotas, atrasos, fracassos ou outros desastres? De fato, tenho um modo bem simples de lidar com essas situações, resumido em uma palavra: "Bom."

É algo que um de meus subordinados diretos, um dos caras que trabalharam para mim e se tornou um dos meus melhores amigos, observou. Ele me chamava à parte com um problema maior ou questão que estava acontecendo e dizia: "Chefe, temos tal coisa, essa situação está indo muito mal." Eu olhava para ele e dizia: "Bom."

E por fim, um dia, ele estava me contando sobre algo que estava saindo dos trilhos e assim que terminou de explicar para mim, disse:

"Já sei o que você vai dizer."

E eu perguntei: "O que vou dizer?"

Ele respondeu: "Você dirá: 'Bom'."

E continuou: É o que você sempre diz. Quando algo está errado, ou vai mal, só olha para mim e diz 'Bom'." E eu disse: "Bem. É sério. Porque é assim que eu funciono." Então expliquei para ele que quando as coisas vão mal, deve haver algo de bom que surgirá com isso.

Ah, a missão foi cancelada? Bom. Podemos nos concentrar em outra.
Não conseguimos o novo equipamento de alta velocidade que queríamos?
Bom. Podemos manter as coisas simples.
Não foi promovido? Bom. Mais tempo para melhorar.

Não conseguiu o financiamento? Bom. Temos a maior parte da empresa.
Não conseguiu o emprego que queria? Bom. Saia, ganhe mais experiência e melhore seu currículo.
Você se machucou? Bom. Precisava de uma pausa no treinamento.
Foi eliminado? Bom. É melhor ser eliminado no treinamento do que na rua.
Foi vencido? Bom. Lição aprendida.
Problemas inesperados? Bom. Temos a oportunidade de descobrir uma solução.

É isso. Quando as coisas vão mal: Não fique todo chateado, não fique assustado nem frustrado. Nada disso. Apenas veja o problema e diga: "Bom."

Agora, eu não quero banalizar; não estou tentando parecer o Cara Positivo e Sorridente.

Esse cara ignora a dura realidade. Ele acha que uma atitude positiva resolverá os problemas. Não é isso.

Mas também não perderá tempo com o problema.

Não. Aceite a realidade, mas foque a solução. Aceite a questão, aceite o contratempo, aceite o problema e transforme-o em algo bom. Vá em frente. E, se você for integrante de uma equipe, essa atitude se propagará por toda parte.

Por fim: se você pode dizer a palavra "bom", então adivinha?

Significa que ainda está vivo.

Ainda está respirando.

E, se ainda respira, significa que ainda há força dentro de você.

Então levante, sacuda a poeira, recarregue, reajuste, interaja de novo, e vá para o ataque.

MORTE

Mas como o "bom" se aplica à pior das perdas: a morte de um ente querido? É fácil achar que não existe nada de "bom" na morte.

Então me lembro das pessoas que perdi em minha vida: as lembranças, as experiências, a diversão, suas personalidades únicas e tudo que me deram. Não só na vida delas, mas também na morte.

O que a vida e a morte delas me ensinaram.

A marca que deixaram em mim.

E percebi que existe algo bom; mesmo na morte há um lado bom.

Em primeiro lugar, tive sorte de ter tido aquela pessoa na minha vida; mesmo que apenas por pouco tempo, muito pouco tempo; pelo menos tive isso. Aqueles momentos preciosos, as lembranças inesquecíveis, pelo menos tive isso e experimentei esses momentos, para conhecer a beleza de sua personalidade, atitude e visão de mundo.

Eram todas pessoas únicas, e sou grato pela oportunidade de haver interagido com elas.

E aí vem a morte.

A morte é terrível, a morte é miserável, é cruel.

E: A morte não é justa.

E eu não sei por que as melhores pessoas parecem ser tiradas de nós primeiro.
A morte também é inevitável. Não há saída. Ninguém escapa disso.
A morte faz parte da vida, como o contraste entre luz e escuridão.

Sem a morte, não há vida.

E as pessoas que eu perdi: Elas me ensinaram isso.
Elas me ensinaram como a vida é valiosa.
Como somos abençoados por termos cada dia. *Para aprender. Para crescer. Para rir. Para viver.*

Para Viver.

Viver todo dia com objetivo e paixão. Acordar de manhã e ser grato, grato por essa manhã, grato pela oportunidade de estar no mundo e viver.

Viver por eles. Por aqueles que não têm a oportunidade.

Por aqueles que foram ceifados pela mão cruel da morte.

Por eles, eu viverei. Eu honrarei sua memória e viverei.

Sim. Chega de chorar. Chega de luto.
Vamos lembrar, mas não vamos nos demorar nisso...
Pelo contrário: Vamos rir, amar, nos abraçar e venerar tudo o que a vida é e toda a oportunidade que ela nos dá.
Vamos *VIVER* por QUEM não vive mais.

Vamos viver para honrá-los.

TODO

Não é um trabalho de meio período. Não é bater o ponto e ir para casa no final do dia. Você não tem folga nos finais de semana.

Não.

Aqui: Não existe fim de semana.
É um trabalho diário: Todo dia é segunda-feira.
Talvez você não goste disso.

Eu? Adoro.
Para mim, todo dia é um começo.
Um novo dia.

Uma nova semana.

Um novo sopro de vida.

Uma oportunidade para mostrar do que sou capaz como um homem disposto a atacar o dia:

DIA

Sem misericórdia.

Hoje: Vou escalpelar.

Vou colocar pressão.

Sou o agressor.

Estou no ataque.

E claro: Ficarei cansado.

Levarei uma surra.

Serei derrubado, ficarei esgotado

e terei dias ruins.

Mas eu

não

irei

Parar.

NÃO

Não mais.
Não mais.

NÃO MAIS.

Chega de desculpas.
Não mais: "Eu começarei amanhã."
Não mais: "Só desta vez." Chega de aceitar as deficiências da minha própria vontade.
Chega de pegar o caminho fácil.
Chega de ceder a qualquer pensamento pouco saudável ou improdutivo que flutua em minha cabeça.

Não.

Não mais.
Chega de esperar pelo momento perfeito, chega de indecisão e mentiras.
Chega de fraqueza.

MAIS

Não.

Não mais.

Agora é a hora de ser forte.

E com resistência,
com vontade
e com uma disciplina inabalável

Eu me tornarei *o que* quero ser.
Eu me tornarei *quem* eu quero ser.
Então, só então, descansarei e direi:
Não mais.

FICANDO

Não se preocupe com a motivação.
A motivação é instável. Ela vem e vai.
Ela não é confiável e, quando você conta com ela para alcançar seus objetivos, provavelmente fica desapontado.
Sim.
Não espere estar motivado todo dia e sair por aí fazendo as coisas acontecerem. Não será assim.
Não conte com a motivação.
Conte dom a Disciplina.

Você sabe o que deve fazer. Portanto:

FAÇA VOCÊ MESMO.

Faça com Disciplina.

MOTIVADO

Todos querem uma pílula mágica, algum truque que elimine a necessidade de fazer o trabalho.
Mas isso não existe.
Não mesmo.

Você deve fazer o trabalho.

Tem que aguentar firme.

Tem que FAZER ACONTECER.

Então.

Mãos à obra.

Encontre a Disciplina.

Seja a Disciplina.

CONSIGA.

É isso.

EU CONTRA MIM MESMO

Há pessoas no mundo que têm habilidades, resistência e talento que eu nunca terei. Jamais.

As noções de que você pode "ser o que quiser ser, contanto que queira o bastante", não são verdadeiras. São contos de fada. Todos nós temos limitações. Eu não tenho os genes certos para ser um halterofilista olímpico. Nem tenho a genética certa para ser um velocista olímpico. Ou ginasta. Com certeza, se eu treinasse a vida inteira, talvez pudesse ter um desempenho bem decente nesses esportes.

Mas o melhor do mundo? Não. Simplesmente não tenho o DNA para ser o melhor do mundo nessas categorias.

Mas o que isso significa?

Significa que desisti? Significa que abandonei?

Claro que não. Não mesmo.

Significa que vou tentar ser o melhor que posso.

O mais forte.

O mais rápido.

O ser humano mais inteligente que posso ser.

É isso que vou buscar. E não importa se não serei melhor que as outras pessoas quando me comparar com elas. Não. Verei aquelas que alcançaram a excelência em uma categoria e direi:

Veja o que é possível.

Quão perto consigo chegar dessa excelência?

Quão perto consigo chegar dessa glória?

Mas minha glória, essa não acontece na frente de uma multidão.

Ela não acontece no estádio ou no palco.

Não há entrega de medalhas.

Acontece no escuro, de manhã cedo.

Na solidão.

Onde eu tento. E tento. E tento de novo.
Com tudo que tenho, ser o melhor que posso ser.

Melhor do que fui ontem.

Melhor do que as pessoas achavam que eu poderia ser.

Melhor do que eu achava que poderia ser.

Mais rápido, mais forte e mais inteligente.
E declaro uma vitória que ninguém pode tirar de mim. Jamais.

Uma vitória que aprendi todo dia. A vitória da determinação, da vontade e da disciplina.

Uma vitória conquistada porque:
Não vou parar.

PERMANEÇA

Não foi em uma guerra.
Não foi em uma batalha.
Nem na confusão do fogo e da destruição que a maioria de nós sucumbe à fraqueza. Nós desmoronamos lentamente. Convencidos de tomar o caminho mais fácil. Seduzidos pelo conforto. A maioria de nós não é derrotada em uma batalha decisiva.
Somos derrotados em uma rendição minúscula, aparentemente insignificante, em um momento que destrói quem devemos realmente ser.
Não acordamos um dia e decidimos que é assim:
Serei fraco.
Não. É um processo gradual e lento.
Desgasta nossa vontade, desgasta nossa disciplina.
Dormimos um pouco mais tarde. Perdemos um treino físico, depois outro.
Começamos a comer e beber o que não deveríamos.

VIGILANTE

E, sem perceber, um dia você acorda e se tornou algo que nunca teria se permitido ser.
Em vez de forte, você é fraco.
Em vez de disciplinado, você é desorganizado e está perdido.
Em vez de avançar e progredir, você anda para trás e entra em decadência.
E essas coisas acontecem sem serem vistas.

Sem que você as reconheça.

Sim.

Você *tem* que SER VIGILANTE. Tem que estar EM ALERTA.
Tem que AGUENTAR FIRME nas coisinhas aparentemente insignificantes,

nas coisas que não deveriam ter importância, mas que importam.

MEDO

O medo é normal.
Toda pessoa sente medo em algum momento.
O que se deve fazer?

Um passo.

Um passo.

Dê um passo.

Dê um passo agressivamente em direção ao medo, que é um passo na bravura.

Temos medo do que não conhecemos e há só um caminho para confrontar esse medo:

Um passo. VÁ EM FRENTE.

E essa simples ação, essa simples atitude responde a muitas perguntas.
Como você vai à academia todo dia?

Um passo. VÁ EM FRENTE.

Como você muda sua dieta?

Um passo. VÁ EM FRENTE.

Como supera o medo de fracassar, o medo do sucesso ou o medo do próprio medo?

Um passo. VÁ EM FRENTE.

Como enfrenta o medo do desconhecido?

Um passo. VÁ EM FRENTE.

Não espere mais.

Não pense mais.

Não planeje mais.

Não contemple mais.

Não dê mais desculpas nem justificativas.

Não racionalize nada mais.

Não. Não. NÃO. **NÃO.**

Ao contrário: Seja agressivo.

Aja.

AGORA.

E a primeira ação que precisa tomar?

O primeiro passo que precisa dar?

O primeiro passo que precisa dar é só isso:

Um passo.

Um passo.

Vá em frente.

Agora.

A ESCURIDÃO

O Sol não brilha todo dia.
As tempestades virão.
Há vezes em que as noites serão mais longas e escuras, e você estará sozinho.
Haverá vezes em que A Escuridão parecerá consumir tudo.

Mas não deixe que ela o consuma.

Não deixe que ela o *consuma*.

Mesmo nos momentos mais escuros.
Mesmo nas tempestades mais fortes.
Mesmo quando o Sol está ofuscado
e o mundo está desmoronando.

A Escuridão não pode apagar sua luz.

Você.

Sua VONTADE. Sua determinação.

Não importa o que está acontecendo, não importa o quanto a luta é difícil.

Contanto que continue lutando, você vencerá.

Apenas a rendição é a derrota.

Apenas a renúncia é o fim.

Porque A Escuridão apenas vence se você permite.

Não deixe A Escuridão vencer.

Lute.

Brigue.

Combater A Escuridão é vencer.

Brigue.

SUBJUGADO

Sim. A vida pode ser esmagadora.

É assim que funciona. Ela está testando você.

Ela jogará problemas em você e fará isso o tempo todo. É como a vida funciona: A Lei de Murphy. É fácil se sentir derrotado quando enfrenta todos esses problemas de uma só vez.
Mas deixe-me dizer que isso não significa desistir de lutar.
De fato: é o oposto. É a hora de você lutar mais.

Colocar as mãos na massa.
Seguir o Caminho da Guerra.

Avaliar quais são os problemas e decidir qual atacará primeiro. Então, comece.

Ataque.

E ouça: Não será fácil. Na verdade:
Será bem difícil.

A vida é dura.

A *vida* é assim.

E os desafios que você enfrentará farão o melhor que podem para

Acabar

com

você.

NÃO PERMITA ISSO.

Fique de pé. *Mãos à obra.*

Organize os problemas e os confronte, os enfrente, lute contra eles.

NÃO OS DEIXE DESTRUÍ-LO.

Em vez disso, permita que esses desafios o levantem, deixe que eles o elevem.
Permita que suas demandas e testes o tornem mais forte, deixe que a adversidade que você enfrenta hoje o transforme em uma pessoa melhor amanhã.
Então, no futuro, você se lembrará dessas lutas e dirá a elas:

Obrigado,

vocês me tornaram melhor.

COMENTÁRIOS NEGATIVOS

Um clássico. O que você faz com uma pessoa negativa falando por trás e tentando derrubar você?
Com certeza você pode *confrontá-la* e entrar no joguinho dela.
Pode lhe dar a satisfação de saber que ela entrou em *sua* cabeça. Você pode transformar sua vida em uma sala de fofocas do colegial.
Claro, infelizmente há vezes em que você tem que se relacionar com pessoas assim.
Você pode ter que apurar os fatos com base em uma alegação grave. Pode ter que desafiar as afirmações que prejudicam a equipe ou a missão.
E, quando tiver que se envolver assim, faça-o de modo profissional. Diga algo como:

"Ouvi dizer que você tinha algumas sugestões sobre como faço meu trabalho. Gostaria de ter seu feedback para melhorar meu desempenho."

DE PESSOAS NEGATIVAS

Uma declaração como essa provavelmente se espalhará pelo ambiente. A pessoa saberá que existem informantes que lhe contarão o que está acontecendo.
E provavelmente isso conterá a situação. Mas deixe-me dizer qual é minha metodologia preferida nessa situação. É simples:

Ignore e melhore.

Sim. Enquanto você está por aí me observando e falando de mim, *eu estou trabalhando.*
Trabalhando com vontade. *Estou subindo* o nível das coisas.
Você continua fofocando, *eu continuo trabalhando.*
Você continua falando bobagens, *eu continuo trabalhando.*
Você continua tagarelando, *eu continuo trabalhando.*
Você continua focando o que as outras pessoas estão fazendo errado,

eu continuo focando o que posso fazer CERTO.
E, quando finalmente olhar em volta e ver onde está
e onde estou,
perceberá que não tem nenhuma bobagem para falar.

Porque terá perdido.
E eu. Terei. Vencido.

E isso se aplica aos casos em que as pessoas
fazem política no escritório, formam panelinhas ou
trabalham em seus planos pessoais.
Claro, às vezes você tem que entrar no jogo também.
Mas, ao lidar com pessoas assim, deixe que seu
primeiro curso de ação e a essência de como lida
com isso sejam muito claros e diretos:

Trabalhe muito e supere cada uma delas.

AGUENTE FIRME

Em vez de recuar, em vez de enfraquecer, fique mais forte.

Fique melhor.

Cresça, aprenda, amadureça e viva.

Viva, desafiando a fraqueza e rebelando-se contra o enfraquecimento.

Lute contra esses sentimentos conforme eles se insinuam com suas ofertas de gratificação imediata e recompensas instantâneas.

Lute para manter cada centímetro que eles tentam tomar.

Não ceda um pedacinho sequer de chão.

JAMAIS.

O COMEÇO

É onde começa.

Na escuridão.

Antes do Sol, dos pássaros e do mundo.

Todo dia.

Quando soa o alarme.

É A HORA.

Erga-se.

Apesar do cansaço e da dor.

Amaldiçoe o calor da cama.
Amaldiçoe o conforto do travesseiro.
Lute contra a tentação da fraqueza.

Levante-se e vá em frente.

Rápido, sem pensar.
Não raciocine com a fraqueza. Você não pode.

Você deve apenas agir.

Levante-se

e VÁ EM FRENTE.

EMPENHE-SE

Empenhe-se.

A fraqueza é forte.
Eu sou *mais forte*.

Devo esmagá-la até a submissão.
Com a força da vontade.

Sim. Sou cruel com o corpo.
Eu empurro, puxo e luto contra a gravidade.

Eu luto contra o cansaço e a dor, contra a fraqueza que diz:

Entregue os pontos.

Eu não entregarei.

Lutarei.

O RISO

Com certeza há escuridão por todo lado.
E eu já tive a minha parte. Mas não é onde vivo minha vida.
Não mesmo.
Na verdade, é exatamente o contrário.
Eu não ando por aí sofrendo em desespero.

Não.

Eu me divirto.

DIVERSÃO.

Estou rindo.
Estou brincando.
Fazendo palhaçadas, caçoando de tudo e de todos.
Especialmente de mim mesmo.
Sou um alvo fácil para caçoar.
E tudo bem com isso.

VENCE

Porque, com certeza: A vida é dura.
Mas fica muito mais fácil quando você ri dela.

Sim.

Apesar do sofrimento.
De fato:
A despeito do sofrimento.

A despeito das dificuldades.

A despeito dos desafios.

Ria de todos eles.

Eles não aguentam quando você ri.
E ficam mais fáceis.
Sim: Ria de todos eles.

O riso vence.

CÓDIGO

As máquinas tomam decisões com base no código binário.

Sim ou não.

Não é complicado.

Você fará exercícios físicos?

Sim ou não.

Vai se levantar?

Sim ou não.

Vai sair do sofá?

Sim ou não.

Vai comer aquele donut?

Sim ou não.

BINÁRIO

Não é complicado.

E às vezes você precisa entrar neste modo:

Tomada de Decisão Binária.

Você será fraco ou forte?
Será saudável ou doente?
Vai melhorar sua vida?
Vai piorar as coisas?
Vai sacrificar o sucesso de longo prazo pela gratificação de curto prazo?

Você sabe as respostas certas.
Você sabe a decisão certa.

Não complique demais.

Tomada de Decisão Binária.

Tome as decisões certas.

DESAPEGO

Uma das coisas mais poderosas que você pode fazer como ser humano é aprender a se desapegar.

Desapegar-se de seu ego.
Desapegar-se de suas emoções.
Desapegar-se de sua perspectiva.
Desapegar-se de si mesmo.

Como se desapegar?

Primeiro: Reconheça que você precisa desapegar. Reconheça que seu ego é uma armadilha. Embora seja uma força que o leva ao sucesso, se sai de controle, pode te enlouquecer.

Você deve se desapegar de seu ego.

Reconheça que suas emoções levam a decisões ruins e mau comportamento.

Você deve se desapegar de suas emoções.

Reconheça que você deve se desapegar de sua perspectiva. Com certeza: Sua perspectiva é importante. Mas assim que a viu, passou. Continuar olhando do mesmo ponto de vista não melhora seu conhecimento nem sua opinião. É preciso ver as coisas das perspectivas de outras pessoas, além da sua.

Você deve se desapegar da sua perspectiva.

Há indicadores que mostram que você precisa se desapegar. Se começa a sentir que suas emoções estão fervilhando, isso significa que precisa se desapegar. Preste atenção em sua voz: Você a está elevando? Preste atenção em seu corpo: Você está cerrando os punhos ou rangendo os dentes? Está respirando pesado? Essas coisas significam que você está ficando nervoso. Portanto, precisa se desapegar.

Está ficando zangado, tem ciúmes ou está frustrado? Esses sentimentos provavelmente são guiados por suas emoções. Portanto, precisa se desapegar.

Está se sentindo paralisado ou preso? Sente que ninguém o entende? Se tem esses sentimentos, é provável que precise mudar de perspectiva. O que significa que precisa se desapegar.

Assim que reconhecer que precisa se desapegar:

Dê um passo para trás. Fisicamente, mude sua perspectiva dando um passo para trás. Coloque suas mãos nas laterais do corpo. Levante só um pouco o queixo.
Isso abre suas vias respiratórias e o força a ficar em uma postura física levemente vulnerável, uma que é o oposto da postura de luta, com o queixo escondido, a cabeça abaixada e as mãos para cima. Em vez de assumir uma atitude defensiva e protetiva, sua mente estará aberta; aberta a diferentes perspectivas.
Seu ego ficará exposto.
Agora olhe em volta, vire sua cabeça fisicamente e sinta o ambiente. Respire bem, longa e lentamente. Inspire profundamente e expire até o fim. Ouça. Sim: Em vez de falar, apenas ouça.

Esses passos devem ajudá-lo a se desapegar. Essas práticas o deixarão cada dia melhor. Por fim, deverá conseguir se desapegar mentalmente sem precisar se desapegar fisicamente dando um passo para trás, levantando sua cabeça ou até olhando em volta. Você conseguirá se desapegar na mente, e será suficiente.

Uma última observação: Se você for falar, mas quer continuar desapegado, em vez de fazer uma afirmação, tente fazer uma pergunta com uma voz calma e controlada. Uma afirmação o fixa no chão e acaba com sua mobilidade; você fica preso. Uma pergunta mantém a mente aberta e permite continuar desapegado.

Quando você se desapega de suas emoções e ego, e quando vê as coisas de outras perspectivas, consegue ficar calmo, ver mais e tomar melhores decisões.

Para ser melhor e fazer melhor: Desapegue-se.

SABOTAR

Ouço esse termo por todo lado.

"SABOTAR A SI MESMO."

A ideia é que você fica com "medo de vencer", então faz coisas para fracassar.

"Sempre que a pessoa está quase vencendo, ela se autossabota e não consegue."

NÃO.

A SI MESMO

Isso é bobagem.

Você não tem medo de vencer.

Tem medo de trabalhar.

E adivinha? Para vencer é preciso trabalhar.
É preciso se *esforçar*. Requer *trabalho pesado*.

Falhar em fazer o trabalho não é “sabotar a si mesmo”.

É só a boa e velha

“PREGUIÇA”.

NÃO SEJA PREGUIÇOSO.

TODAS AS SUAS DESCULPAS

Você mente para si mesmo. Mentirinhas. Motivos.

É só desta vez.
Hoje não é importante.
Já me exercitei ontem.
Estou muito dolorido.
Muito cansado.
Treinei demais.
Preciso descansar.
Estou faminto.
Estou muito ocupado.
Outra coisa é mais importante.
Não tenho tempo.

MENTIRAS.

MENTIRAS.

MENTIRAS.

MENTIRAS.

SÃO MENTIRAS

As pessoas perguntam de onde vem a disciplina.

Digo que ela vem de dentro.

Mas há um nível mais profundo.

A disciplina vem da Verdade.

A Verdade é a estrutura da disciplina.
E, se você mente para si mesmo, não encontrará a disciplina.
Se mente para si mesmo, não será disciplinado.

Às vezes, encontro pessoas que dizem:
"Bom, cheguei em um ponto onde estou bem profissionalmente. Ganho um bom dinheiro. Minha saúde é muito boa. Portanto, estou muito feliz com minha posição, contente com o que consegui e não consigo encontrar motivação para dar o próximo passo."

Então eu pergunto: "Tem certeza de que realmente quer dar o próximo passo?"

E a pessoa responde: "Sim."

Eu digo: "ACHO QUE NÃO. Veja bem, se você realmente quisesse dar o próximo passo, não faria essa pergunta. Estaria por aí correndo atrás. Você não tentaria encontrar a disciplina.
Não. A disciplina o encontraria. Portanto, você mente para si mesmo. Dizendo que quer mais. Dizendo que quer dar o próximo passo. Se realmente quisesse, buscaria isso."

Então a pessoa parece desapontada. Ela sente que talvez não esteja realmente motivada.

Eu continuo: "Mas essa é a realidade. Se você estivesse verdadeiramente contente e feliz, não estaria fazendo essas perguntas. São mentiras. A verdade é que você sabe. Você sabe.

Você sabe que poderia fazer mais. Sabe que poderia se doar mais. Sabe que poderia dar o máximo. Sabe que poderia ser mais. E é isso que o enlouquece. É por isso que você se faz essa pergunta. Porque se disser para si mesmo a verdade, sem filtro, sem freio e sem amenizar, verá que você tem muito potencial e pode ser muito mais. Se disser para si mesmo essa verdade, a disciplina o encontrará e você não conseguirá tirá-la do sistema. Pare de mentir para si mesmo. A Verdade é o combustível da disciplina. A Verdade é o que torna a disciplina inevitável. A Verdade gera disciplina. Disciplina É Liberdade. Portanto: A verdade o libertará."

Ninguém responde quando falo isso.

A pessoa apenas concorda com a cabeça.

Porque sabe que é verdade.

Todas as suas desculpas são mentiras.

PARE DE MENTIR PARA SI MESMO.

LARGUE O

LARGUE ISSO.

Fique longe do balcão.

Isso mesmo. Devagar e com calma. Basta se afastar.

AGORA.

Tem um pouco de açúcar em seus dedos.

NÃO. *NÃO*. NÃO LAMBA.

DONUT

Pegue o guardanapo ali. *Lentamente*.

Limpe os dedos. Bom.

Tudo bem. Jogue o guardanapo no lixo. É bem ali.

Agora para trás. Para trás. Vire-se. Bom.

Abra a porta e saia.

Muito bem. Continue andando.

Aí está você. Seguro, por enquanto.

Mas continue em alerta.

E MANTENHA-SE NO CAMINHO.

NÃO

As pessoas me perguntam: "Como vai?"

E eu não quero fazer uma cena nem parecer ridículo.

Então digo algo normal e agradável, tipo:

"Tudo bem,

obrigado."

ou *"Estou ótimo, obrigado."*

IMPORTA

Mas a resposta em minha cabeça não é comum nem agradável. Se eu falasse com sinceridade quando as pessoas me perguntam como vou, diria: "Não importa como vou."

Porque é verdade.

Não importa se eu estou bem, mal, empolgado, chateado, feliz ou triste.

NÃO IMPORTA.

Farei o que devo fazer.

FAÇA O QUE

Ouço as pessoas dizerem isso.

E eu entendo.

Na vida, faça o que o deixa feliz.

Tente encontrar um trabalho que o deixa feliz. Tente andar com pessoas que o deixam feliz. Tente viver em um lugar que o deixa feliz.

Essas coisas são boas.

Quando vemos as coisas na vida a longo prazo, de uma perspectiva estratégica, então sem dúvida:

Faça o que o deixa feliz.

O problema surge quando as pessoas decidem deixar o ethos guiar seu cotidiano. Quando as pessoas tentam fazer o que as deixa feliz todo dia. É errado. Não faça isso.

O DEIXA FELIZ

Ficar na cama por mais 37 minutos o deixa feliz.
Comer um donut o deixará feliz.
Assistir a outro episódio de um programa aleatório na TV o deixará feliz.
Percorrer uma página de rede social o deixará feliz.
Comprar um produto novinho o deixará feliz.

Todas essas ações resultam em uma alegria de curto prazo. O problema é que também resultarão em tristeza a longo prazo.

Não siga por esse caminho.
Não faça o que o deixa feliz.

Faça o que o desafia.
Faça o que o pressiona.
Faça o que o prepara para um sucesso estratégico de longo prazo.

Não faça o que o deixa feliz.

Faça o que o torna melhor.

PLANEJAMENTO

É inteligente ter um plano estratégico de longo prazo.

Um plano de três anos.

Um plano de cinco anos.

Até um plano de dez anos para as metas maiores no futuro.

Esses planos são importantes.

ESTRATÉGICO

Mas também quero que lembre-se de que você não chega mais perto de seus objetivos durante o planejamento.

Você não chegará mais perto deles até

LEVANTAR E CORRER ATRÁS.

Além do planejamento, faça um movimento real em direção a seus objetivos todos os dias.

A CONTAGEM

Durante o Treinamento BUD/S (Treinamento Básico de Demolição Subaquática/SEAL), há uma evolução chamada "Log PT".

"PT" significa Treinamento Físico (Physical Training, em inglês).

"Log" significa tora de madeira. Toras de madeira grandes e pesadas que os alunos são forçados a carregar, colocar sobre a cabeça, jogar no ar, abaixar, pegar, segurar no ar com os braços esticados e fazer coisas como agachamentos, flexões, abdominais, arremessos e outros exercícios, tudo segurando essas toras pesadas e incômodas.

Os instrutores passavam os exercícios, o número de repetições requeridas, e os alunos os executavam.

O problema era que, se não conseguíssemos executar os exercícios na forma correta e bem sincronizada com o resto dos alunos, o instrutor avisava:

"A CONTAGEM É ZERO."

É ZERO

Isso mesmo. Independentemente de termos concluído 5 repetições das 100 determinadas ou 95 repetições das 100, voltávamos ao zero e tínhamos que começar tudo de novo.

É claro que isso era devastador para alguns; chegar perto e voltar à estaca zero.

Mas é uma atitude que pode e deve ser aplicada em muitos aspectos da vida.

Significa não repousar sobre os louros.
Não pensar que fez o bastante.
Não importa o que você fez ontem. Ontem já passou. E hoje:

A CONTAGEM É ZERO.

Acorde com essa atitude todo dia.
Você precisa provar para si mesmo tudo de novo.
Precisa conquistar seu lugar à mesa.
Precisa CORRER ATRÁS.

EU ME SINTO

Durante o treinamento SEAL, há muito mergulho. O mergulho tem seus riscos inerentes; mergulhar à noite, com equipamento, em longas distâncias, em portos e perto deles, de embarcações e de outros obstáculos criados pelo homem só aumenta o risco.

No caso de uma emergência, somos treinados para seguir um protocolo. Subir até a superfície da água de certo modo.
Inflar nossos coletes salva-vidas de certo modo.
Sinalizar pedindo ajuda de certo modo.

E, quando chegamos à superfície após algum tipo de emergência relacionada ao mergulho, um socorrista ou oficial médico de mergulho perguntará como você está se sentindo. A única resposta aceitável é:

"EU ME SINTO BEM."

BEM

As origens dessa afirmação vêm do fato de que um mergulhador na superfície pode ter uma emergência, significando que pode ter algum dano neurológico. Um modo rápido de verificar os sinais imediatos disso são 1) vendo se ele se lembra de dar a resposta certa e 2) vendo se ele tem agilidade psicológica e controle motor afinado para pronunciar corretamente as palavras, o que requer certo esforço.

Portanto, não importava mesmo como você realmente se sentia. Podia estar congelando de frio, exausto, desidratado, confuso e mentalmente destruído. Mas havia apenas uma resposta para a pergunta "Como você se sente?", que era:

"EU ME SINTO BEM."

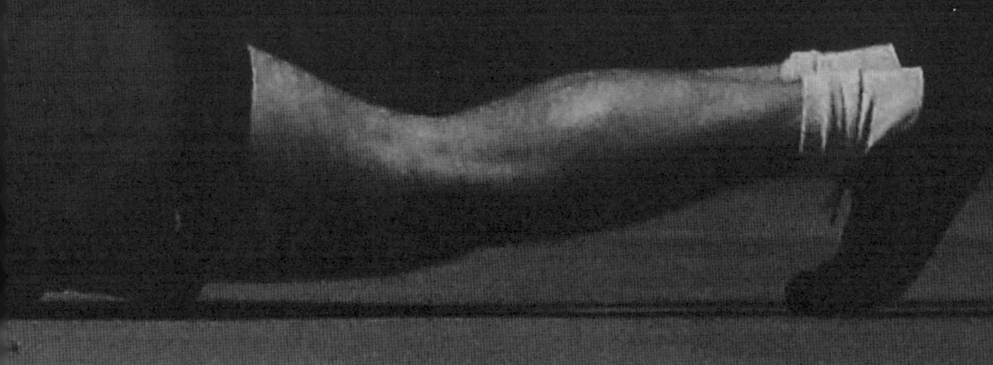

Eu não sei quando se iniciou esse procedimento nas Equipes SEAL, mas sei que já estava lá bem antes de eu ter chegado.

Também sei que: "EU ME SINTO BEM" se tornou uma resposta sempre que alguém pergunta como você se sente, independentemente de como realmente se sente.

Cansado?

Acabado?

Exaurido?

Todo machucado?

Ridículo?

Faminto?

Nada disso importa.

A resposta ainda seria:

"EU ME SINTO BEM."

E sabe de uma coisa?

Quando você diz essas palavras, começa a acreditar nelas.

E, quando as outras pessoas, aquelas no mesmo estado que você, ouviram você pronunciar tais palavras, elas acreditaram. "Bem, sei o que ele passou, mas ainda tem uma boa atitude. Acho que também consigo."

Portanto, não desanime.

Não admita isso para si mesmo.

Não admita isso para seus amigos.

Ao contrário, dê a eles e a *si mesmo* a única resposta certa:

"EU ME SINTO BEM."

Problema/Solução.

DERROTE

Todos nós perderemos em algum momento.

Ninguém vence sempre.
Você será derrotado.

Aprendi um aspecto da derrota em um antigo Manual de Campo do Exército publicado em 1943, chamado "*Psychology for the Fighting Man*" [Psicologia para o Lutador, em tradução livre].

O livro diz:

"As derrotas reais, exceto a morte, no fundo são psicológicas."

Isso mesmo. A menos que esteja morto, a derrota é apenas psicológica. Está apenas em sua cabeça.

Você pode continuar.

E *deve continuar*.

A derrota só interessa mesmo se você está morto.

NUNCA DESISTA.

OS CENÁRIOS RUINS

Durante o treinamento Tático SEAL avançado, por diversas vezes coloquei muita pressão nos pelotões SEAL em cenários de treinamento catastróficos com uma violência completa e total.

Havia explosões acontecendo, pessoas no papel de inimigo atacando com armas de paintball, gente gritando, incêndios, helicópteros sobre nossas cabeças e vários "homens abatidos", significando que alguns membros do pelotão SEAL foram informados que estavam mortos, feridos e teriam que agir como tais.

Era o caos.

Às vezes,

> algumas pessoas ficavam impressionadas e congelavam.

Às vezes,

> muitas pessoas ficavam impressionadas e congelavam.

Outras vezes,

> praticamente todas ficavam impressionadas e congelavam.

E, por vezes, um homem partia para o ataque. Ele pegava alguns caras, entrava no modo fúria total e começava a atacar o inimigo.

Embora nem sempre bem-sucedida, a alternativa era ficar parado, não fazer nada e morrer.

E, na maioria das vezes, essa ação agressiva tinha um efeito positivo.

Ela *interrompia o plano do inimigo*.

Ela inspirava os outros membros do pelotão a serem agressivos.

Ela até *mudava a dinâmica* da batalha e o pelotão conseguia levar a melhor e vencer.

No mínimo, mudava a situação de um modo positivo, criando oportunidades e dando uma chance para mudar o cenário de derrota certa para uma possível vitória.

Como isso se aplica à vida?

A vida, como um combate, pode ser *esmagadora*.

Se isso acontecer, às vezes você tem que partir para o ataque. Fixe seus olhos no problema e ataque-o. Ataque.

Você pode não ter êxito.

Mas é melhor do que sentar e

esperar a morte.

E você pode mudar as coisas e vencer.

VÁCUO DE

Houve vezes, também durante o treinamento avançado, quando os SEALs ficavam arrasados e ninguém avançava nem fazia as coisas acontecerem. Nenhuma tropa. Nenhum líder. Chamo isso de Vácuo de Liderança.

Ninguém tomava uma decisão. Ninguém atacava. Tudo corria mal.

Isso também pode acontecer em sua cabeça.

Sua mente esvazia.

Você não toma nenhuma decisão.

O que tem que acontecer, acontece.

E o que acontece será o caminho de menor resistência.

LIDERANÇA

NÃO PERMITA ISSO.

NÃO PERMITA UM VÁCUO DE LIDERANÇA EM SUA CABEÇA.

Ao contrário.

Enfrente.

Avance.

ASSUMA O CONTROLE DE SUA MENTE.

E faça o que sabe que deve fazer.

EMBOSCADA

O botão do despertador escapa de seu dedo e lhe dá mais nove minutos de sono?

Um donut entra sorrateiramente em sua boca? Você mastiga e engole inconscientemente aquela mentira açucarada?

O conforto o embosca clandestinamente a caminho da academia e o impede de chegar lá e fazer exercícios?

Não.
É claro que não.
Nada disso acontece.
Conforto e luxo não emboscam você.

DO CONFORTO

VOCÊ SE COLOCA NA EMBOSCADA.

VOCÊ PERMITE QUE ISSO ACONTEÇA.

NÃO FAÇA ISSO.

FIQUE EM ALERTA.

CONTINUE NO CAMINHO.

NÃO NEGOCIE

Há todo tipo de pensamento em sua cabeça.

É um debate contínuo.

Discussões.

Racionalizações.

Negociações.

“Eu me exercitei muito ontem.”

“Perder um treino não faz mal.”

“Posso fazer esta tarefa mais tarde.”

COM A FRAQUEZA

"Um pedaço de pizza não fará diferença."

"Esse artigo disse que descansar e se recuperar era mais importante do que trabalhar."

São as vozes da fraqueza tentando negociar com a disciplina.

NÃO NEGOCIE COM A FRAQUEZA.

CALE ESSAS VOZES.

E FAÇA COM QUE PAGUEM POR ISSO.

TAREFAS

Há coisas na vida que você precisa fazer que parecem sem sentido.

Coisas que são um tédio e chatas.

Coisas que têm pouco impacto em nossa vida, mas que precisam ser feitas.

Papelada.

Manutenção.

Renovar a carteira de motorista.

Afazeres. Compromissos.

Tarefas monótonas e rotineiras.

MENORES

Como são cansativas, não queremos carregar esse fardo.

RESPOSTA ERRADA.

Se você precisa fazer essas coisas. FAÇA.

FAÇA COM VONTADE.

Não as deixe pairando sobre sua cabeça.

Termine com isso.

Faça uma fila e ACABE COM ELAS.

Tire essas tarefas do caminho para poder passar para coisas maiores e melhores.

PASSE

O filósofo francês Descartes disse:

"Penso, logo existo."

Já percebi.

Se estamos pensando, temos que existir.

Isso é bom.

Mas nunca esqueça:
Apenas pensar não o levará a lugar nenhum.
A simples existência não é estar vivo.

Você precisa agir.
Precisa avançar.
Precisa se empenhar, se esforçar e trabalhar duro.

Pensamentos não são suficientes.

PASSE A AGIR.

A AGIR

O que o impede?

Não dormiu o bastante?

Está cansado demais?

Não tem o equipamento certo?

Não tem energia suficiente?

Não tem dinheiro suficiente?

Não tem tempo suficiente?

É uma dessas coisas que o impedem?

Ou é alguém que o impede,

você?

TEMPO DE

O relógio não para.

E o velho Senhor do Tempo é cruel e impiedoso.

O tempo não perdoa.
Ele não desculpa ninguém.

Não tem misericórdia.

O tempo é implacável.

O que fazer?

SEJA IMPLACÁVEL COM ELE TAMBÉM.

Não tenha misericórdia de seu tempo.

Não lhe dê folga.

Não deixe que ele escape.

Pegue o tempo pela garganta e faça o que quiser com ele.

SER FELIZ

Onde você encontra a felicidade?

Ela está por aí esperando para ser descoberta?

Sob uma pedra?
Na floresta?
Enterrada no deserto?

Onde você a encontra?

Não se encontra a felicidade.

Você a cria. Você se esforça.

Você luta por ela.

Assuma a responsabilidade.
Você se expõe;
assume o risco de alcançar um objetivo digno.

E nessa busca, se prestar atenção,
se olhar em volta,

encontrará a

felicidade.

TERRA ARRASADA

É bom ser equilibrado.
É bom ser comedido
ao abordar a maioria das coisas.
É bom manter as opções
abertas e ter planos alternativos.
É bom não fechar as portas.

Mas.
Às vezes é preciso apostar tudo.

Sem plano "B".

Sem nenhuma outra saída.

Sem nenhuma alternativa.

Sem nenhuma reserva.

A POLÍTICA DA TERRA ARRASADA.

Não deixar nada para trás, exceto sangue, suor e os restos queimados de seu inimigo.

SOMATÓRIO

As pessoas acham que a hesitação é algo minúsculo. Acham que é só uma fração do momento. É tão minúscula que não tem valor.

Mas se você somar toda a hesitação de sua vida.

Se juntar todas as oportunidades perdidas. Tudo que gostaria de ter feito ou sabe que deveria ter feito, mas não fez.

Se combinar tudo isso e fizer uma grande pilha, imagine a altura que teria.

Imagine o acúmulo de potencial não realizado que você veria diante de seus olhos.

Não permita isso. *Não hesite.*

VÁ EM FRENTE.

REFLEXÕES E

As pessoas costumam me perguntar o que digo para mim mesmo quando as coisas complicam.

Qual é meu diálogo interno?

Qual é meu raciocínio?

A resposta é simples.

Nada.

Quando as coisas ficam difíceis,
e eu sinto que não consigo avançar,
não digo nada para mim mesmo.

Não penso em nada.

Na verdade: Eu fecho minha mente
e faço o que devo fazer.

Deslique seu cérebro
e deixe seu corpo funcionar por conta própria.

DIÁLOGOS INTERNOS

Seu corpo não precisa de aprovação da mente. Ele sabe o que deve fazer.

Feche sua mente e deixe seu corpo fazer o trabalho. Nas Equipes SEAL tínhamos um ditado:

Planeje seu mergulho.
Mergulhe no seu plano.

Ao se preparar para uma operação do nadador de combate, é preciso muito planejamento. Esse nadador usa um equipamento para mergulhar sem ser detectado em portos e ancoradouros controlados pelo inimigo. Isso significa mergulhar à noite em longas distâncias com apenas uma bússola para orientá-lo. Portanto, você elabora um plano. Assim que inicia o mergulho, as pessoas tendem a fazer ajustes, pegar atalhos, modificar o que planejaram originalmente. Essa adaptação raramente funciona. Daí o mantra:

Planeje seu mergulho.
Mergulhe no seu plano.

Tanto quanto possível: Mantenha o que você pretendia fazer originalmente. Use sua compreensão detalhada do plano e a vantagem das repetições realizadas debaixo d'água. Isso lhe garantirá uma maior probabilidade de sucesso.

É igual no dia a dia.
Faça um plano e siga-o.
Não estou dizendo para seguir um plano à exaustão e fracassar, caso não esteja funcionando.
Mas em grande parte, se possível, execute o que pretendia.
Faça o que disse que faria.
Não permita que vozes nem pensamentos o tirem do caminho.

Planeje seu mergulho.
Mergulhe no seu plano.

VAMOS DESCOBRIR

O que aconteceria se você implantasse uma disciplina diária total em sua vida?

O que aconteceria se parasse de procrastinar? E se enfileirasse as tarefas e acabasse com elas? Se buscasse seus objetivos de modo agressivo e sem misericórdia?

Onde tudo isso acabaria?
Teria a certeza de vencer?
A vitória é certa?

Eu não sei.

Eu não sei como acabaria.

Acho que eu sei a resposta.

E acho que você sabe.

Mas só há um meio de confirmar essa resposta, e é realizando essas coisas.

Sim:

VAMOS DESCOBRIR.

PARTE 2:

AÇÕES

TREINAMENTO FÍSICO: CORRENDO ATRÁS

TREINAMENTO

Há muitos benefícios no treinamento físico.
Você ficará mais saudável.
É fato.
Exercitando-se, você aumenta sua endorfina, testosterona, hormônios do crescimento, volume cardíaco, sensibilidade à insulina e sistema imunológico. Essas mudanças ajudarão a evitar ou tratarão os seguintes problemas de saúde: pressão alta, obesidade, doença cardíaca, diabetes tipo 2, insônia e depressão.

BUM.

Não está convencido ainda?
O exercício físico o tornará mais inteligente. Sim:
Mais inteligente.
Melhora o fluxo sanguíneo para o cérebro e aumenta os hormônios do crescimento que promovem o desenvolvimento de novas células nervosas.

FÍSICO

Melhora a plasticidade sináptica, ou seja, a capacidade de os neurônios enviarem e receberem mensagens. Libera substâncias químicas cerebrais que ajudam na cognição, como: dopamina, glutamato, norepinefrina e serotonina.

Também aumenta a produção do BDNF (fator neurotrófico derivado do cérebro), uma proteína que ajuda nos processos mentais.

Mas não acredite na minha palavra.

Vá em frente. Faça.

Faça exercícios e preste atenção em seu estado mental. Você se sentirá mais alerta, mais atento e mais inteligente.

É REAL.

ESTRESSE:

O estresse é bom e ruim.
Para melhorar, precisamos do estresse. Precisamos forçar o corpo e a mente a melhorar.
Uma de nossas principais reações físicas ao estresse é a liberação de cortisol no corpo. Ele tem inúmeros efeitos, inclusive disponibilizar glicose para o cérebro, gerando energia a partir das reservas armazenadas e focando a energia nas ameaças imediatas, no lugar das necessidades menos urgentes. Também aumenta a pressão sanguínea para otimizar o fluxo de sangue por todo o corpo.

Mas o estresse também pode ser ruim. Se estamos sob muito estresse e o cortisol é liberado no corpo com frequência, ele começa a ter efeitos negativos, como um carro correndo "no vermelho" por longos períodos de tempo. Quando os níveis de cortisol permanecem consistentemente altos, o sistema imune pode ficar reprimido, aumentando a pressão sanguínea e causando hipertensão, uma pressão alta prolongada que causa danos ao coração e

BOM E RUIM

nos vasos sanguíneos. Também pode aumentar os depósitos de gordura e até causar osteoporose.

Exercício físico é uma forma de estresse que causa a liberação de cortisol. Mas, como o exercício condiciona os músculos e o coração, ele também condiciona o corpo a reagir adequadamente à liberação de cortisol, treinando-o para manter os níveis balanceados. Uma liberação regular e excessiva de cortisol também pode ser um fator importante no sobretreinamento; quando exigimos muito do corpo, o excesso de cortisol leva à fadiga e à queda no desempenho.

Portanto, é preciso ter cuidado para não estressar demais o corpo e a mente. Mais uma vez: VOCÊ DEVE ESTRESSAR UM POUCO O CORPO E A MENTE PARA MELHORAR.

QUANDO?

A maior desculpa para não se exercitar é a falta de tempo.

Sempre aparece algo.

Mas há uma hora do dia que ninguém pode tirar de você: antes do amanhecer.

Os militares têm um termo: "Preparar-se." Significa levantar cedo e ficar pronto para o ataque do inimigo. Tem sido uma prática-padrão em muitas guerras. Por exemplo, na I Guerra Mundial, cada homem tinha de estar bem acordado antes do primeiro raio, de pé na trincheira, com a arma carregada, baioneta fixada e pronto para rechaçar um ataque.

Voltando mais na história, nos Regimentos da Companhia Rogers' Rangers: "Todas as mãos devem estar acordadas, em alerta e prontas para a ação antes do amanhecer. É no amanhecer que os franceses e os índios gostam de atacar."

Portanto,

levante-se antes do Sol. Esteja pronto para

atacar.

Sim, isso significa

LEVANTE-SE CEDO!

No início será difícil, mas se tornará normal.

E, assim que você se acostumar,
acordar cedo certamente tornará
seu dia melhor.

Então CORRA ATRÁS DISSO.

BENEFÍCIO

Existem alguns benefícios psicológicos com o treinamento físico de manhã cedo. Primeiro, há uma vitória psicológica sobre o inimigo. Saber que você está pegando mais pesado que seus adversários lhe dá uma vantagem. Isso traz a confiança de que pode superá-los na batalha.

Outra vantagem de acordar cedo e se exercitar muito é que demanda disciplina fazer ambos. Agora, alguns cientistas afirmam que a disciplina se dissipa à medida que é usada, que a força de vontade é um recurso finito que se reduz sempre que utilizada durante o dia.

Está errado. Isso *não acontece*.

Ao contrário, eu acredito e estudos mostraram, que a disciplina e a força de vontade não diminuem quando chamadas para a ação; na verdade, ficam mais fortes.

PSICOLÓGICO

Isso fica óbvio se você realmente experimenta: Antes de ir para a cama, planeje qual exercício físico fará de manhã. Separe as roupas para que não precise pensar nisso quando levantar. Faça uma lista de coisas que precisa realizar no dia seguinte. Acerte o despertador para 4h30 e vá dormir.

Quando o alarme tocar, levante. Coloque as roupas separadas. Escove os dentes e vá se exercitar. Com vontade. Termine, tome banho, vista-se e comece a eliminar sua lista de tarefas do dia.

Quando chegar a hora do café da manhã, veja o que acontece. Você não escolherá comer besteiras. Não desejará aquele donut horroroso. Preferirá comer ovos e proteínas do bem. E também será assim no almoço. Você se sente bem. Cheio de energia. Não quer ingerir as calorias sem valor da pizza ou da batata frita. Você quer combustível do tipo bom para reconstruir seu corpo. Combustível limpo que mantém sua mente aguçada. Quando está no caminho que deseja continuar seguindo.

Infelizmente, também ocorre o contrário. Assim que você sai do caminho, tende a se afastar. Quando não prepara o que precisa fazer no dia seguinte, quando perde a hora, pula os exercícios físicos e não começa atacando suas tarefas, porque não as listou na noite anterior, é quando toma decisões ruins. É quando falham sua vontade e disciplina. Você descobre que também pode comer aquele donut no café da manhã e, assim que terminar, também pode acabar com quatro ou cinco fatias de pizza no almoço. *Nada mais importa*, você saiu do caminho e é um desastre. Sua vontade não se perdeu, ela na verdade nunca existiu.

Então. Siga o caminho da disciplina
e não saia dele.

Disciplina gera disciplina.
A vontade propaga MAIS VONTADE.

Aguente firme e
a vitória será sua.

DORMIR

Dormir é uma necessidade. O ser humano precisa dormir. Não dormir o suficiente causa graves efeitos colaterais. A falta de sono pode causar alterações hormonais negativas, interferir na metabolização da glicose, aumentar a pressão arterial e suprimir o sistema imunológico. Menos sono também significa menos hormônio do crescimento em seu corpo. Mentalmente, o cérebro sofre impacto, pois a capacidade de prestar atenção e se concentrar começa a diminuir, e a solução de problemas e o raciocínio básico ficam menos precisos. E mais: em um período de tempo estendido, há efeitos psicológicos, como paranoia e até alucinações.

Mas quanto sono é suficiente? Pessoas diferentes precisam de quantidades variadas de sono. Os recém-nascidos podem dormir até 17 horas por dia; crianças entre 1 e 3 anos dormem até 12 horas por dia. Conforme envelhecemos, precisamos de menos sono. Em geral, os adolescentes precisam de 8 a 10 horas, e na idade adulta 8 horas é o padrão, embora o número real fique entre 7 e 9 horas, dependendo da pessoa. Algumas pessoas precisam geneticamente de menos sono que isso, mas é raro. Sou uma delas.

Mas não é apenas a genética.

Você também pode dormir menos e adormecer mais rápido se tem boas condições físicas, ingere alimentos saudáveis e tem uma mente clara.

Para mim, quanto melhor minha condição e mais saudável o alimento, mais rapidamente adormeço e de menos sono eu preciso.

Portanto, embora tenha a genética de pouco sono a meu favor, é igualmente importante que eu permaneça saudável e coma bons alimentos.

E, por fim, eu escolho não dormir até tarde. Eu não caio na tentação dos cobertores quentinhos e do travesseiro macio.

Eu mobilizo a vontade para sair da cama e entrar em ação.

É óbvio, sou um defensor de acordar cedo. Mas, já que o sono deve ser uma prioridade para

manter a saúde, como dormir o suficiente e ainda acordar cedo?
A resposta é simples:

Vá para a cama mais cedo.

Ir para a cama às 22h e levantar às 5h proporciona 7 horas consistentes de sono.

Vá para a cama às 21h55 e conseguirá levantar às 4h55, e ainda terá 7 horas e estará de pé antes do inimigo.

Experimente. Se você acordar e sair da cama às 4h55, grande parte do mundo ainda estará dormindo.

Você não.
Você estará de pé correndo atrás.

O mundo é seu quando está de pé antes do inimigo.

Não há trânsito. A academia está vazia. Não há ninguém para distraí-lo, ligar ou enviar mensagens de texto idiotas sobre algo sem importância.

Só existe você.

Portanto, vá para a cama cedo e acorde cedo. As pessoas sempre me perguntam sobre o segredo de levantar cedo. Eu lhes digo que é simples:

ACERTE O DESPERTADOR E
SAIA DA CAMA QUANDO ELE TOCAR.

É isso.
Fácil? Não.
Todos gostam de uma cama quentinha.
Todos precisam de mais cinco minutos de sono pela manhã.
Então desligam o alarme. Enrolam.
Voltam a dormir.

Não.

Levante e vá em frente. E uma coisa que ajudará a fazer isso é ir para a cama mais cedo, o que pode ser tão difícil quanto acordar, se não pior.

PEGANDO

Sim. Para algumas pessoas, dormir cedo pode ser tão difícil quanto acordar cedo, ou até mais.

Então veja alguns passos que ajudam:

1. FIQUE CANSADO. Sim, fique cansado, Se você não ficar ativo durante o dia, não ficará cansado. Fazer exercícios físicos pesados cedo de manhã não só o deixará cheio de energia durante o dia, mas também fará com que adormeça mais rapido à noite. Fazer exercícios físicos de manhã e treinar no almoço ou depois do trabalho também o deixará cansado. Infelizmente, você pode descobrir que se exercitar um pouco antes de ir para a cama o manterá acordado, portanto, tente não malhar cerca de duas horas antes de dormir.

2. Desligue o computador. Desligue o celular. Pare de verificar as redes sociais e não assista *mais um* vídeo no YouTube. É certo que estudos científicos dizem que a luz do computador e das telas do celular faz sua mente

NO SONO

pensar que é dia e é hora de levantar. Mas, além disso, a internet está repleta de profissionais que criam conteúdo com a única finalidade de fazer você clicar nele. Sim, a isca do clique é real, e como a isca usada na pescaria é um truque para fisgar você. Portanto, não faça isso. Não clique. Você não receberá nada positivo com isso. NÃO MESMO.

3. Leia. Caso sua mente ainda esteja ativa quando chegar a hora de ir para a cama, tudo bem. Vá para a cama, pegue um livro e comece a ler. Ler é relaxante, acalma a mente e o deixa mais inteligente. Portanto, faça isso. E se o livro escolhido é *bom demais* e o faz querer ficar acordado lendo, simples, não leia esse livro. Leia um livro chato, educativo, mas que seja chato. Isso o fará dormir.

4. Mais importante: O segredo para dormir cedo é LEVANTAR CEDO. Não, pode não ajudar *hoje à noite*, mas amanhã sim. Se você precisa de 7 horas

completas de sono e quer se levantar às 4h30, isso significa que precisa ir para a cama às 21h30. Mas pode ser difícil se forçar a dormir às 21h30. Sim. Se ficar acordado até as 23h30, você AINDA deve LEVANTAR às 4h30. Sim, serão apenas 5 horas de sono. E, sim, é provável que se sentirá cansado durante o dia, o que é muito bom, pois no fim do dia DESEJARÁ ESTAR CANSADO. Agora você *pode* ir para a cama às 21h30, pois entrou nos trilhos.

5. Faça isso todos os dias. As pessoas me perguntam se eu ainda levanto cedo nos fins de semana. SIM. Por inúmeros motivos. É evidente que o fim de semana tem apenas dois dias, portanto, quero levantar para aproveitar. Eu levanto cedo, faço meus exercícios físicos e termino qualquer tarefa obrigatória o mais rápido possível. Isso permite tempo para relaxar e me divertir sem nada pendente. O outro motivo para eu acordar cedo nos fins de semana é manter meu padrão de sono consistente. Se eu durmo até as 5h30 ou às 6h aos sábados, é provável que ficarei acordado

algumas horas extras sábado à noite, o que me faz dormir até as 7h no domingo, o que me faz ficar acordado até mais tarde domingo à noite, significando que, quando eu voltar a acordar às 4h30 na segunda-feira, não tive o sono que precisava. Portanto, não quebre o ciclo. Levante cedo todo dia. Se você precisa dormir mais, tire uma boa soneca.

O PODER DA SONECA

O poder da soneca é real. Se você se sente cansado, ela pode ser um salva-vidas. E, se você se sente cansado devido à falta de sono, ela pode ser muito poderosa. Tenho uma técnica para uma soneca poderosa, que é uma combinação de duas coisas que aprendi.

A primeira foi no ensino médio. Meu professor de fisiologia e psicologia tinha muita energia e era cheio de paixão. Mas, se você entrasse na sala de aula durante o almoço, ele estava lá na cadeira com os pés sobre a mesa, dormindo. Ele fazia isso todo dia. Certo dia perguntei o motivo; ele disse que seu objetivo era elevar os pés acima do coração e dormir de 10 a 15 minutos antes de almoçar. Ele dizia que a soneca lhe dava energia. Elevar os pés acima do coração tirava a tensão do sistema circulatório nos membros inferiores e ajudava a circular o sangue que poderia ter se concentrado em seus pés e pernas. Comecei a experimentar uma vez ou outra e me senti bem.

No entanto, notei isso de fato quando entrei para o BUD/S, o curso SEAL de treinamento básico. É óbvio que estávamos operando em um ambiente com muita privação de sono quase que diariamente e a agenda era muito apertada, com manobras seguidas durante o dia em um cronograma rígido. Mas havia alguns buracos na agenda, em geral de 10 e 15 minutos algumas vezes por dia para nos prepararmos para a próxima manobra e ir ao banheiro. Nesses intervalos, se houvesse uma chance, eu deitava no chão, colocava os pés acima da cabeça, acertava o alarme para seis a oito minutos e dormia. É claro que eu estava cansado, portanto, adormecia muito rápido e quando o alarme tocava eu acordava e me sentia totalmente renovado. Era incrível.

Quando entrei para as Equipes SEAL, usei a mesma técnica e a achei especialmente útil durante as longas patrulhas no campo. Quando formávamos um perímetro para uma invasão e eu não estava de guarda, imediatamente elevava meus pés e tirava uma boa soneca. Os efeitos ficavam ainda mais evidentes, uma vez que em uma patrulha ficávamos de pé por muitas horas carregando um equipamento pesado.

Ainda uso essa técnica eficaz quando estou excessivamente cansado.

Aviso: Tenha cuidado para não deixar sua soneca de 6 a 8 minutos se transformar em um descanso de 2 horas. Se isso acontecer, você terá problemas para adormecer à noite, o que levará a problemas para levantar de manhã. Isso significa que há chances maiores de não cumprir a agenda de manhã cedo.

EXERCÍCIOS FÍSICOS

Todos querem saber: Em que realmente consiste um exercício físico?

Em primeiro lugar, deixe-me dizer isto: O mais importante é fazer

ALGO.
QUALQUER COISA.

Andar. Correr. Fazer ginástica. Nadar. Levantar peso. Caminhar. Alongar. Fazer “burpees” (flexões com saltos). Jogar basquete ou praticar jiu-jitsu. Algumas pessoas não têm certeza sobre o que fazer como exercício, mas em geral é só uma desculpa. O exercício não precisa ser uma metodologia complexa, com vários níveis, ser multidimensional nem ter comprovação científica. Mas precisa ser ALGO.

Assim que você começa a fazer, é uma boa ideia fazer um acompanhamento. É útil registrar os pesos, as repetições e as horas. Os registros permitem acompanhar o progresso. Eles podem servir como metas. Também permitem que você saiba quando está exagerando. Mas é importante prestar atenção em seu estado no final de um treino. Quanto mais ficar experiente na prática, mais fácil será. Você saberá quando forçar e saberá que há dias para segurar.

Meus exercícios físicos são divididos em tipos gerais de movimento: flexão de braço, flexões gerais, levantamento, agachamento. Além desses, os exercícios focam trabalhar o “Tanquinho” e o condicionamento metabólico (MetCon).

Para fins deste manual de campo, estabeleci três níveis básicos de exercícios: Iniciante, Intermediário e Avançado.

Isto é apenas um guia. Conforme ficar mais forte, mais experiente e mais sintonizado com seu corpo e resultados desejados, faça ajustes. Leia e aprenda. Experimente novos sistemas. Aprenda novos exercícios. Tente novos movimentos e novos esportes. Misture tudo e divirta-se. Esforce-se, mas faça isso de modo comedido para evitar exaustão, exagero nos treinos e lesões.

Para ver exercícios físicos reais, vá para o

Apêndice: Exercícios Físicos

Mais uma vez, use os exercícios como um guia. Conheça seu corpo. Esforce-se. E o mais importante: Seja consistente. E a consistência começa INDO PARA A ACADEMIA. Se você está cansado, com dor ou esgotado, não desista por completo. Vá à academia e alongue-se. Movimente-se. Faça exercícios leves. Mas mantenha a rotina.

É muito comum as pessoas tirarem um dia de folga. E isso se transforma em dois. Depois em três, e então lá se foi uma semana sem fazer um bom treino.

SIM.

Mantenha a rotina.
Mantenha a disciplina.

MONTANDO UMA

Ter uma academia em casa elimina todo tipo de desculpa. Não há nada mais conveniente do que ter uma academia dentro de sua residência. Montei uma academia assim que consegui ter uma garagem. Mas essas academias não precisam ser na garagem, podem estar em qualquer lugar: porões, quartos de hóspede, escritórios, quintais, jardins, pátios, vagas para carros... qualquer lugar. Como tudo na vida, você faz o que pode com o que tem.

Assim que conseguir um espaço, será hora de começar a colocar o equipamento no lugar. Comece com uma barra fixa. Você pode montá-la em qualquer lugar e, assim que conseguir, poderá exercitar seu corpo inteiro com inúmeras variedades de flexões de braço, flexões em geral, abdominais e agachamentos.

Outro equipamento útil e relativamente barato são as argolas de ginástica. Elas também podem ser montadas em qualquer lugar e permitem um grande número de exercícios, inclusive: descidas, flexões de braço, flexões gerais, sentar em L, todos os tipos de posições e incontáveis variações.

ACADEMIA EM CASA

O próximo é um rack de agachamento, que deve incluir uma barra fixa e barras paralelas. Com esse rack, são necessários halteres e pesos. Anilhas com protetores de borracha permitem levantamentos dinâmicos, como levantar peso em dois movimentos e fazer arrancadas até a cabeça.

É isso. É tudo o que você precisa.

Essa preparação básica deve ser muito útil para conseguir um condicionamento excepcional. Além disso, há inúmeros complementos a incluir em seu arsenal quando tempo e orçamento permitirem. Kettlebells [bolas de ferro com alça] são provavelmente as próximas na lista, então um aparelho de remo e/ou air bike. Um GHD (Glute-Ham Developer) é outro equipamento muito bom para ter em casa. Bolas medicinais, caixas pliométricas, faixas, correntes, clubbells [clavas] e marretas também são divertidas de usar. Mas, embora seja interessante ter todos esses equipamentos e eles possam acrescentar variedade ao treinamento, nenhum é realmente necessário e, embora eu tenha todos em minha academia, uso com mais consistência o básico: barra fixa, barras paralelas, argolas, rack de agachamento e halteres com anilhas de borracha.

ARTES

Todos deveriam treinar artes marciais, assim como todos devem se alimentar.

Mas, assim como o alimento é diferente e varia muito em como afeta o corpo, nem todas as artes marciais são criadas igualmente.

Existem três formas gerais de artes marciais: luta corpo a corpo, golpes e armas.

A luta corpo a corpo usa alavanca e pegadas para controlar ou submeter o oponente. Os golpes usam socos, chutes, joelhos, cotovelos, cabeçadas e qualquer outra parte do corpo para atingir o oponente. As artes marciais com armas obviamente usam várias armas, inclusive bastões, facas e, no mundo moderno, armas de fogo.

Talvez a forma mais crítica de autodefesa seja a mente. Sendo inteligente e atento, você pode evitar situações que provavelmente o expõem

MARCIAIS

ao perigo. Dito isso, há vezes em que sua mente e sua inteligência podem não ajudá-lo. É verdade. Nesses casos, é claro que a melhor forma de autodefesa é a arma de fogo, se a posse e o porte forem legalizados em seu país. É um equalizador sem igual e é simplesmente incomparável em sua capacidade de eliminar o agressor, independentemente de sua capacidade e força. Se uma pessoa realmente precisa de autoproteção em uma área muito ameaçadora, nada substitui a arma de fogo. Mesmo em uma área que pode ser considerada pouco ameaçadora, não há garantias. Há invasões terríveis de casas, roubos de carros, sequestros e outros ataques cruéis e violentos em alguns bairros de grande prestígio no mundo que eram considerados mais seguros. Não há escolha, exceto estar preparado.

Claro, armas de fogo manuseadas incorretamente são muitíssimo perigosas, podendo causar ferimentos graves e morte ao dono e a pessoas inocentes, caso não sejam manuseadas com os quatro princípios de segurança da arma de fogo em mente:

1. Trate toda arma como se estivesse carregada;
2. Nunca aponte a arma para algo que você não quer destruir;
3. Mantenha o dedo longe do gatilho até seus olhos estarem no alvo;
4. Sempre verifique o alvo e o que existe atrás dele.

E, mais, as armas de fogo sempre devem ser guardadas em um lugar seguro, onde não possam cair em mãos erradas.

O mais importante: sem o devido treinamento, é inútil ter uma arma de fogo ou é até mais perigoso para o dono. Aprender a atirar rápido e com precisão sob estresse é absolutamente obrigatório se uma pessoa tiver uma arma. Isso significa encontrar um bom instrutor qualificado para participar de treinamentos com armas de fogo.

Segurança é o elemento supremo nos treinamentos com armas de fogo. Quando executado corretamente e com respeito, o treinamento é seguro e não só o prepara para confrontos nos piores casos como também tem outros benefícios, mesmo que você nunca precise usar a arma para se proteger.

O treinamento com armas de fogo promove a coordenação entre mãos e olhos, velocidade, concentração e instintos. Requer movimento repetitivo para desenvolver memória muscular e demanda um alto nível de propriocepção ao atirar em uma situação dinâmica. Por fim, treinar competitivamente com velocidade e precisão o condiciona para situações de alta pressão, ensinando a necessidade de relaxar, desapegar, controlar a respiração e focar a tarefa imediata em mãos.

* * *

Mas nem sempre as armas de fogo estão disponíveis. Existem muitos lugares no mundo em que o porte de arma é ilegal. Há vezes em que as armas de fogo funcionam mau. Portanto, é importante saber como se defender em situações sem armas, o que nos leva de volta às artes marciais.

Primeiro, deixe-me dizer que as artes marciais despertam afeição em algumas pessoas, se tornam uma religião e elas ficam cegas com isso. As artes marciais não são estáticas. Elas evoluem o tempo todo. Se você não acompanhar essa evolução, ficará para trás. Escolher uma arte marcial e não outra, ou dizer que uma é "melhor" que outra, deixa algumas pessoas com raiva. Eu não me envolvo em discussões teóricas irracionais sobre qual é melhor. Não há motivos para teorizar.

O UFC (Ultimate Fighting Championship) testa muitas teorias. As guerras no Iraque e no Afeganistão também teorizam muito sobre combate corpo a corpo. Por fim, toda pessoa atualmente tem uma câmera de vídeo no bolso e há milhares de brigas de rua e confrontos disponíveis na internet.

Com todas essas informações prontamente à mão, não é mais preciso teorizar. É fácil ver o que funciona ou não.

E, mais, também fica óbvio que as artes marciais não estão estagnadas. Elas evoluem. As pessoas desenvolvem novas técnicas e movimentos para reagir a outras técnicas e movimentos. Mas os princípios fundamentais não mudam, são apenas reforçados.

Com todas essas informações disponíveis e tantas teorias agora testadas no octógono, nas ruas e em combate, as artes marciais não são mais só uma teoria. Existe uma realidade simples e pragmática.

* * *

Portanto, veja minhas recomendações sobre quais artes marciais aprender e como proceder.

Comece com o jiu-jitsu do Brasil. É uma forma de luta corpo a corpo muitíssimo avançada porque, em grande parte, a luta real ocorre no chão. É um ponto-chave, porque nossa primeira forma de autodefesa é fugir; sim, correr. Se você é confrontado por outra pessoa, ou um grupo, a melhor coisa a fazer é correr: evitar o conflito. É relativamente fácil se alguém está tentando atingi-lo com socos ou chutes. A pessoa não tem controle sobre você, portanto, basta fugir dela. E você venceu.

O problema ocorre em uma situação de autodefesa quando alguém agarra você. Agora ela impede sua primeira linha de defesa: Fugir. Assim que alguém o agarra, o cenário muda e uma das partes mais críticas do jiu-jitsu brasileiro é escapar de alguém que o agarra para poder correr.

Muitas vezes um agressor o derrubará no chão para impedir que você escape das garras dele.

Quando isso acontece, a habilidade de lutar no chão é usada não para ficar lá, mas para levantar e se afastar do agressor. O primeiro objetivo de um iniciante em jiu-jitsu não é lutar no chão, mas levantar e escapar. É uma diferença importante da crença de muitas pessoas de que o objetivo da autodefesa no jiu-jitsu é derrubar o agressor no chão. Não é verdade. O objetivo é escapar. Mas, como vemos inúmeras vezes, as lutas geralmente terminam no chão, portanto, uma pessoa deve estar preparada para isso. Não treinar jiu-jitsu porque você não gosta de ficar no chão é como não aprender a nadar porque não gosta de entrar na água. Não faz sentido. O modo mais seguro de lidar com a água é se acostumar com ela, assim como se acostumar com o chão é o melhor modo de lidar com esse cenário, caso ocorra na vida real.

* * *

Outro motivo para eu recomendar iniciar nas artes marciais pelo jiu-jitsu do Brasil é por ser a mais complexa. Embora haja um número finito de movimentos e posições básicos, há um número infinito de movimentos além dos básicos assim como outros são desenvolvidos todos os dias nessa modalidade em constante evolução. Devido a essa profundidade sem fim, o jiu-jitsu também é a arte marcial que mais exige do cérebro. Ela fornece um estímulo mental incrível e um desafio sem fim para aprender, desenvolver e melhorar. O jiu-jitsu nunca envelhece.

A próxima arte marcial que recomendo aprender é o boxe. Ela é uma arte de golpes com uma incrível eficiência, apesar de sua relativa simplicidade: Existem apenas duas armas no boxe: as mãos esquerda e direita. Mas com elas é possível ter uma vantagem incrível, caso a pessoa saiba como usá-las em combinações eficientes. Outros elementos essenciais aprendidos no boxe são os ângulos, movimentação (muito baseada no jogo dos pés) e velocidade, que é utilizada no ataque e na defesa. Com um conhecimento básico, uma pessoa pode dar socos eficientes e evitar ser golpeada, recursos extremamente úteis ao tentar o objetivo básico da autodefesa: Correr. O boxe desenvolve a habilidade de bater rápido, evitar ser atingido e se afastar da área de confronto.

As duas artes marciais seguintes para investir seu tempo são o Muay Thai e a luta livre. Ambos acrescentam muitas opções e habilidades a qualquer lutador.

O Muay Thai adiciona um grande arsenal de opções de golpe a um lutador. Onde o boxe utiliza apenas os punhos, o Muay Thai usa os punhos, os joelhos e as canelas em combinações muito agressivas que são devastadoras em uma luta. Também trata da dor e da capacidade de suportá-la.

O condicionamento das canelas para chutar e proteger os chutes, assim como o condicionamento do corpo e das pernas para absorver o castigo, é brutal e requer uma vontade férrea. O Muay Thai também oferece um ótimo trabalho ao bater a partir da posição clinche, quando o oponente está segurando você pela cabeça e/ou braços. Os golpes nessa curta distância, sobretudo joelhos e cotovelos, são cruéis. As técnicas poderosas e eficientes são também ensinadas para derrubar ou arrastar o oponente no chão.

A luta livre é a arte do corpo a corpo, talvez a mais conhecida e praticada. É um esporte incrível para o condicionamento da mente e do corpo. O trabalho físico da luta livre fortalece o corpo e a mente sem perdão. Além do condicionamento e da resistência mental que vêm da luta livre, ela também ocupa uma posição nobre nas artes marciais, significando que um bom lutador pode decidir em qual posição estará durante o confronto. Nenhuma outra arte marcial oferece ao praticante uma capacidade melhor de ditar a posição de uma luta com uma ideia simples: O foco principal da luta é jogar e manter o oponente no chão. Isso significa que a luta aumenta a capacidade não só de colocar o adversário no chão e mantê-lo nessa posição, mas também de se defender de ser colocado no chão. Portanto, se você tem mais habilidade na luta que seu oponente, pode ditar onde lutar. Se ataca melhor que seu oponente, pode defender sua queda e vencer a luta com os pés. Se seu oponente ataca melhor, você pode derrubá-lo no chão e derrotá-lo com um corpo a corpo superior. Infelizmente não existe a pegada de submissão na luta livre, portanto, não se ensinam técnicas sobre como realmente as lutas terminam. Dito isso, há praticantes do que é conhecido como "*catch wrestling*" [luta de captura, em tradução livre], que continuam a ensinar pegadas de submissão extremamente eficientes que são proscritas do esporte à medida que a luta livre ganha popularidade.

* * *

Quando uma base consistente for estabelecida no jiu-jitsu brasileiro, no boxe, na luta livre e no Muay Thai, existem inúmeras outras artes marciais a explorar. O judô é uma arte fantástica e tem quedas muito eficientes, sobretudo contra o oponente que usa um roupão chamado quimono, que pode ser agarrado, como geralmente ocorre. Uma vez no chão, o judô tem muitas semelhanças com o jiu-jitsu brasileiro e muitas técnicas iguais são ensinadas. Nas áreas em que pode não haver escolas de jiu-jitsu brasileiro, o judô é o melhor substituto. A arte russa do SAMBO também é uma modalidade de luta corpo a corpo de extrema eficiência, com ênfase em chaves de perna.

Pode ser bom examinar outras artes marciais, como Krav Maga e Systema; ambas focam a autodefesa como sua missão básica. Artes marciais como Escrima e Kali, das Filipinas, também conhecidas como Arnis, focam lutar com bastões e facas. E também, os Dog Brothers [grupo de artistas marciais] que ampliaram os limites do combate com armas de contato e, nesse esforço, reuniram conhecimentos reais além do que estava disponível anteriormente.

E a lista continua. Não há motivos para parar de treinar e aprender artes marciais. É claro que é bom estar preparado para lidar com uma situação de autodefesa, mas os benefícios do treinamento de artes marciais vão além disso.

Naturalmente, você desenvolve condicionamento físico. E também fica mais resistente mentalmente. As verdadeiras artes marciais são difíceis, porque são um trabalho mental e físico. Se a arte marcial que você treina é fácil, provavelmente não está fazendo muito efeito em você. As artes marciais também o fazem se acostumar com situações desconfortáveis e continuar lutando. Isso é importante em qualquer empreitada. As artes marciais o tornarão melhor.

Portanto, treine. Não pense. Não reserve um tempo para "ficar em forma" antes de começar. Vá e comece. O resto virá...

ONDE

Ao escolher uma boa academia de jiu-jitsu, antes de mais nada: Encontre escolas em sua região. A proximidade é importante. Quanto mais conveniente for o treino, com maior frequência você conseguirá treinar. Portanto, encontre escolas próximas de sua casa, trabalho ou algum lugar que não esteja fora do caminho para aparecer e treinar.

Assim que identificar as academias próximas, vá lá e faça uma visita. A atmosfera nas academias pode ser ótima. Algumas são muito tradicionais, exigem uniformes, saudação aos instrutores e ao tatame, e são administradas com muita rigidez. Outras escolas não funcionam com essa tradição. Não há saudação. Uma grande variedade de uniformes é vista no tatame. Os instrutores são chamados pelo primeiro nome, não de "Mestre", "Sensei" ou "Professor". Treinei nesses dois tipos de escola, me sinto bem em ambos e eles produziram campões mundiais. Você pode preferir um estilo ou outro, mas, quando

TREINAR

visitar, não tenha nenhuma ideia preconcebida sobre como será a escola.

E, mais, não apenas chegue e observe. Traga seu equipamento e participe. Avalie a aula. Como foi o ensino? Qual foi a atitude do instrutor e dos outros alunos? Converse com os alunos. Quais são os objetivos deles? São parecidos com os seus? Havia muito ego no tatame? Alguém tentou arrancar a sua cabeça?

E o instrutor? Dependendo de onde você vive, o instrutor pode ou não ser faixa preta. Embora a faixa preta seja ideal, algumas partes do mundo não têm ninguém com tal qualificação. Tudo bem. Um faixa marrom ou roxa pode dar uma ótima instrução também. Além disso, pode haver preocupação quanto à legitimidade da linhagem do instrutor. Por sorte, a internet resolveu parte do problema. Uma busca rápida pode informar sobre o instrutor, onde ele conseguiu a faixa preta, quais competições venceu e há quanto tempo ele vem treinando. Faça uma pesquisa e até pergunte a algumas pessoas experientes na região ou na web. Quando estiver seguro quanto à legitimidade do instrutor, avalie sua personalidade. Ele era agradável? Ensinava com clareza e metodologia? Era divertido?

Além disso, em relação ao instrutor, lembre-se de que jiu-jitsu não é uma religião e o instrutor não é um deus. Portanto, embora ele mereça respeito, como qualquer outra pessoa, ele deve respeitar também, mesmo os alunos iniciantes de faixa branca. O jiu-jitsu não deve parecer um culto, não mesmo.

Resumindo, o jiu-jitsu deve ser divertido, acolhedor e envolvente. Você deve ficar ansioso para praticá-lo porque sabe que será exigido mental e fisicamente. Embora o jiu-jitsu seja obrigatoriamente cansativo, frustrante e um exercício de humildade, se não gosta, seu ego acaba atrapalhando ou você está na escola errada.

TREINOS DE AÇÃO IMEDIATA:

É óbvio que treinar é o melhor modo de se preparar para enfrentar ameaças. Mas há uma diferença entre cenário de treinamento na academia ou no campo de provas e um confronto real nas ruas.

Como você se prepara para isso? E como deve reagir? A primeira coisa a fazer é treinar. Treinar pesado. Treinar para os piores casos. Treinar para coisas que dão errado colocando-se em situações terríveis e encontrar uma saída para elas. O próximo conceito mais importante é evitar. Sim. Evite o perigo. Fique longe das áreas de grande risco.

Mas nem sempre conseguimos evitar tais áreas, e às vezes a área perigosa não nos evita. No mundo atual, conflito e perigo podem ocorrer a qualquer momento e lugar. Portanto, é importante se manter ciente da situação sempre. Preste atenção no ambiente. Observe pessoas suspeitas. Observe as fora de suspeita. O que estão fazendo? Aonde estão indo? O que estão vendo? Avalie.

ENFRENTANDO UMA AMEAÇA

Enquanto avalia, pense nas contingências. Onde é a rota de escape mais próxima? Onde são o abrigo e o esconderijo mais próximos, com "abrigo" sendo um lugar para se proteger de balas e "esconderijo" um lugar para ficar longe da visão dos outros.

Se você se mantiver ciente da situação, será difícil se surpreender. Se sente que algo está errado ou sente uma ameaça, afaste-se do lugar proativamente. Vá para o outro lado da rua. Acelere o carro. Abra a porta. E saia. Não espere que as coisas piorem.

Se for surpreendido e pego em uma situação ruim: AJA.

Se pode se afastar de um assaltante, faça isso. Se não pode correr porque foi dominado, ataque. Coloque todo seu treinamento em uso do modo mais rápido e violento possível. Assim que ficar livre, saia e corra.

Se um tiroteio começar, abaixe-se. Ligue para a polícia na primeira oportunidade. Se o disparo for de tiros isolados em um ritmo mais lento, corra imediatamente e continue assim. Se o disparo for rápido, encontre uma proteção sólida para se esconder. Espere uma trégua. Quando acalmar, corra; pode ser sua única chance.

Se ficar preso em um cômodo com um atirador do lado de fora, faça uma barricada. Se houver um local ideal para se esconder, faça isso. Se não, prepare-se para atacar assim que ele entrar no cômodo. Combine uma ação com qualquer pessoa no local e prepare-se para atacar o agressor.

Se você tem uma arma de fogo, use-a para eliminar qualquer ameaça imediata à sua vida ou à vida de outra pessoa.

TENHA MUITO CUIDADO AO USAR UMA ARMA DE FOGO EM QUALQUER SITUAÇÃO: CONHEÇA SEU ALVO. CONHEÇA O CONTEXTO. E reconheça que você pode não saber quem é o mocinho e o bandido. A polícia pode vê-lo como uma ameaça também. Alguns policiais podem estar à paisana. Portanto, se você confirma que conhece seu alvo e precisa usar sua arma, faça isso com rapidez e eficiência. Então, coloque-a de lado e se identifique do melhor modo como sendo amigável.

COMBUSTÍVEL:

ALIMENTANDO A MÁQUINA

EQUILÍBRIO

A homeostase é a tendência de entrar em um estado de equilíbrio. Por exemplo, em uma casa, o termostato mantém a temperatura equilibrada. No verão, ele liga o ar-condicionado quando fica muito quente e, no inverno, liga o aquecedor quando fica muito frio.

A homeostase é mantida.

- O corpo também tenta manter um estado de equilíbrio de muitas maneiras. Como a casa, o corpo mantém a temperatura equilibrada tremendo para aquecer ou suando para resfriar;
- Osmorregulação é a regulação da água contida no corpo. Para manter o equilíbrio, o corpo usa a sede para aumentar os níveis de água, e suor e urina para expelir o excesso;
- O corpo também usa sistemas para manter o equilíbrio da acidez, da pressão sanguínea, das concentrações de sódio e potássio no sangue, e do cálcio ionizado do plasma. A falha em

manter o devido equilíbrio nesses sistemas pode causar graves problemas de saúde.

Há outro equilíbrio que nossos corpos mantêm sobre o qual temos grande influência. É nosso nível de glicose no sangue, o que chamamos comumente de nível de açúcar no sangue. Podemos influenciar diretamente esses níveis com o que comemos. Quando comemos carboidratos, o açúcar no sangue aumenta. Quando comemos muito carboidrato, nossa glicemia aumenta proporcionalmente. A ação básica que nossos corpos tomam para regular os altos níveis de açúcar é liberar a insulina produzida no pâncreas. Uma vez liberada, a insulina leva o açúcar no sangue para as células de gordura e também desacelera o processamento da gordura nas células adiposas que são retiradas e usadas para a energia. É óbvio que, quando seu corpo coloca gordura nas células adiposas e não usa essa gordura para a energia, você engorda.

Para usar a gordura em seu corpo para ter energia, o corpo deve passar por sua fonte de energia disponível mais à mão: glicose ou açúcar no sangue. Quando essas fontes se esgotam, o corpo começa a utilizar a gordura para obter energia. Você pode esgotar esse açúcar no sangue exercitando-se até acabar, jejuando ou ajustando sua ingestão de carboidrato.

Há outros efeitos colaterais muito ruins dos níveis de insulina continuamente elevados no sangue, além de ganhar ou manter gordura corporal. Um pico consistente de insulina no sangue pode levar à resistência à insulina, que por fim leva ao diabetes tipo 2. Outros impactos de longo prazo que os níveis elevados e prolongados de insulina podem causar são doença cardíaca, retinopatia diabética (cegueira), derrames e falha renal. Nada de bom.

Portanto, a solução parece óbvia:
Pare de comer carboidratos ou, pelo menos, minimize sua ingestão.

Por que é tão difícil? A resposta é simples: Os carboidratos viciam. Sim, o açúcar é como uma droga no cérebro e causa respostas neuroquímicas parecidas com drogas como a heroína.

VICIADO

O açúcar realmente vicia. Ele estimula as mesmas partes do cérebro que a heroína e a cocaína. Quando você experimenta, quer mais.

E você sabe que é verdade.

É por isso que não consegue parar de comer. E, quando para, sente abstinência.

Dor de cabeça.

Irritação.

Ansiedade.

Mentiras.

EM AÇÚCAR

As mentiras virão, e ditas por você.

As mentiras que diz para si mesmo são:

Não é grave.

Você pode só um pouquinho.

Não vale a pena se sentir *tão* mal.

O corpo *precisa* de carboidrato.

Você racionalizará e começará a ouvir as mentiras.

NÃO.

Seja forte.

Saia do bonde do açúcar.

Saia do vício.

Pare de comer açúcar.

COMBUSTÍVEL

A dieta moderna existe há cerca de 10 mil anos.
Quando o homem descobriu como plantar os alimentos, cultivá-los, colhê-los, facilitar sua digestão e armazená-los.
Esses alimentos eram grãos: Trigo, arroz e milho.
Nossos corpos ainda não se adaptaram à ingestão deles.
Quando comemos grãos, eles se transformam em açúcar no estômago.
O nível de insulina tem um pico e pune nossos corpos internamente.
Então, é melhor comer o que evoluímos para comer, que é a dieta do homem paleolítico ou das cavernas.
Veja em que consiste:

Coma:

- Carne bovina (prefira de gado não confinado);
- Aves (prefira caipira);
- Peixes;
- Ovos;
- Nozes;

- Vegetais;
- Cogumelos;
- Raízes;
- Laticínios (manteiga integral, nata, iogurte, queijo);
- Frutas, com limitação.

Não coma:

- Grãos;
- Batatas;
- Sal refinado;
- Açúcar refinado;
- Óleos processados (margarina);
- Leguminosas.

Ter uma dieta paleolítica ou das cavernas muda a Dieta Padrão do avesso de uma perspectiva de macronutrientes. Em vez de uma alimentação rica em carboidratos com o mínimo de gordura, essa dieta consiste em grande parte de gordura, proteína e, por fim, o mínimo de carboidrato.

Algumas pessoas usam a regra 80/20, o que significa seguir 80% das vezes uma dieta paleolítica "limpa" e 20% comer o que quiser. O problema é que 80/20 se torna 60/40, então 40/60, depois 20/80 e, por fim, vale tudo.

Não siga a regra 80/20. Siga a regra 100%; isso pode se tornar a regra 99%, e tudo bem. Mas a regra 80/20 não é regra. É um passo ladeira abaixo.

Sabemos que o açúcar vicia. Você é viciado. Não existe um viciado com permissão de usar sua droga escolhida 20% das vezes, sendo ela álcool, cocaína ou heroína.

Você está no mesmo barco. Parar de uma vez e AGUENTAR FIRME é o melhor modo de se manter nos trilhos.

Assim que você passa tempo suficiente ficando 100% limpo e está adaptado a esse método de comer, mental ou fisicamente, pode fazer algumas excursões no lado escuro. Às vezes peço um milkshake com pedacinhos de chocolate com menta ou outra guloseima deliciosa, mas não nutritiva.

E, antes de comer, faço alguma atividade física exigente.

Com o tempo, você perceberá que perdeu seu amor por doces. Também perceberá que os efeitos colaterais, a adrenalina causada pelo açúcar, a hipoglicemia e a falta de energia no dia seguinte tornam as excursões no lado escuro altamente indesejáveis e irão encorajá-lo a FICAR LIMPO.

Tenho algumas guloseimas que facilitam ficar limpo. Como alguns quadradinhos de chocolate 80%+ amargo mergulhados em óleo de coco. Tenho um vidrinho de nata integral com um pouco de óleo MCT e uma pitada de leite em pó com chocolate. Às vezes coloco chantilly com nozes. Se você tem uma dieta restritiva, cada uma dessas guloseimas terá o sabor da sobremesa mais incrível que já comeu.

Agora, há ocasiões, durante viagens, trabalho e na vida em que os alimentos certos simplesmente não estão disponíveis. No aeroporto, na festa do escritório ou no restaurante onde você tem uma reunião de negócios. Minha solução é muito simples: Não como. Isso se chama jejum e é realmente muito bom para você.

JEJUM

Novidade: VOCÊ NÃO PRECISA COMER.

Jejuar é um presente. Sempre que você estiver em uma festa, no aeroporto ou em um trem e não houver comida boa e saudável, a resposta é simples:

NÃO COMA.

Muitas vezes não comer, jejuar, é benéfico para você. Veja alguns benefícios fisiológicos que o jejum parece oferecer:

- Melhora a função das células, genes e hormônios;
- Induz à perda de gordura corporal;
- Reduz o risco de resistência à insulina e a diabetes tipo 2;
- Reduz o estresse oxidativo e a inflamação;
- Induz os processos de reparo das células;
- Aumenta os fatores neurotróficos derivados do cérebro;
- Aumenta os níveis de endorfina;
- Induz o processo de desintoxicação.

Há também benefícios fisiológicos que considero bem reais. Em primeiro lugar, o jejum requer o exercício de sua vontade.
Não é fácil.
Nesta era moderna, estamos cercados por comida todo dia, o dia inteiro.
Seu instinto de sobrevivência do homem das cavernas, que tem medo da fome, grita:

"Coma isso! Coma o quanto puder! Pode ser sua última chance!"

NÃO CAIA NESSA.

Não é o último alimento que você verá.

De fato: Haverá mais dentro de dez minutos.

Você não precisa disso.

Você não morrerá sem isso.

Na verdade: É exatamente o contrário.
Nesta era, grande parte dos alimentos por aí realmente está tentando matá-lo.

É veneno.
Donuts? Veneno. Refrigerante? Veneno.
Batata chips? Veneno.

VOCÊ NÃO PRECISA DISSO.

Outro grande benefício do jejum é que ele recalibra seus sinais de fome. Costumamos pensar que estamos famintos após algumas horas sem comida. "Não comi nada desde o café da manhã", gritamos às 13h15 da tarde. Dizemos literalmente: "Estou morrendo de fome!"

VOCÊ NÃO ESTÁ MORRENDO DE FOME.

O ser humano pode sobreviver 30 dias sem alimento. Você consegue por mais algumas horas. Realmente consegue por mais alguns dias sem problemas.
Eu jejuo 24 horas com bastante regularidade.

Faço jejuns de 72 horas aproximadamente a cada 3 meses.
E sabe o que mais? Não é tão ruim assim. Quando estou jejuando, ainda faço tudo que faria normalmente se estivesse comendo. Trabalho. Faço exercícios. Treino jiu-jitsu.

Eu bebo água, chá, talvez coma sementes de girassol com casca, só para ter algo para mastigar. Mas jejuar não é tão difícil e você se sentirá melhor no final. O jejum recalibrará o que significa a fome para você. Você perceberá que realmente não tem fome em grande parte do tempo. Está apenas chateado. E, no final do jejum, o alimento também terá um sabor melhor.

REPARO E MANUTENÇÃO:

PREVENÇÃO DE LESÕES E RECUPERAÇÃO

ALONGAMENTO

O alongamento é uma parte importante da boa forma física. Melhora a amplitude do movimento, ajuda na recuperação e também evita lesões. Há inúmeras rotinas de alongamento por aí, desde as antigas formas de ioga até as inovações atuais de pessoas como Pavel Tsatsouline e programas como o MobilityWOD, de Kelly Starrett. Explore isso e encontre os alongamentos que funcionam melhor no seu caso. Alguns alongamentos básicos que considero mais úteis são: alongar o flexor do quadril ajoelhado, alongar as escápulas, fazer o alongamento Cossack, alongar a rotação externa do quadril, fazer o alongamento deitado invertido, o alongamento sentado, o cachorro olhando para baixo e posições de ioga.

Você também pode alongar durante os aquecimentos e exercícios usando uma amplitude completa de movimento, sobretudo durante as séries de aquecimento nas repetições lentas. Por exemplo, ao fazer um agachamento lento durante o aquecimento, certifique-se de que não apenas seja lento, como também realize a amplitude completa do agachamento, talvez até um pouco mais do que poderia ao realizar o exercício com peso. O mesmo deve ocorrer com exercícios como descidas, flexões de braço e flexões em geral: Ao fazer aquecimento, seja lento e realize a amplitude inteira de movimento, mesmo forçando um pouco mais que o normal nas partes superior e inferior do exercício.

Como tudo em relação à saúde e ao condicionamento físico, o alongamento requer consistência. Portanto, descubra quais movimentos trazem mais benefícios para você. Não escolha muitos, o alongamento pode ser feito por apenas 10 a 15 minutos. Mas precisa ser feito, então, faça com que seja parte de sua rotina.

Depois: Siga sua rotina.

LIDANDO COM

Você irá se machucar.

Ficará doente. Independentemente do cuidado que tem no treinamento, da alimentação limpa, e de sua vida saudável, você ainda é humano. Ocorrerão lesões e doenças.

Minha teoria para superar lesões e doenças é simples:

FAÇA O QUE PUDER.

Se você está doente ou machucado, não use isso como desculpa para pular os exercícios ou ficar na cama o dia inteiro.

Faça o que puder.

Machucou o joelho? Exercite a parte superior do corpo. Exercite a perna boa. Machucou o ombro? É hora de trabalhar as flexões com um braço. Foque a parte central e as pernas até o ombro melhorar.

Tendinite por usar demais a mão? Parece que é hora de focar a pliometria de corrida e salto.

LESÕES E DOENÇAS

Pegou um resfriado? Gripe? A mesma coisa: FAÇA O QUE PUDER. Talvez dar uma volta seja o bastante. Alguns abdominais e flexões. Mas não fique na cama o dia inteiro.

Agora, às vezes, você foi totalmente derrubado pela doença ou um vírus. Se é tão ruim e seu corpo precisa mesmo de repouso, bom, ouça seu corpo e REPOUSE. E, mais, não leve doença para a academia, espalhando-a. Faça exercícios em casa.

O mesmo acontece com as lesões. Algumas o impedem de fazer coisas físicas como gostaria. Bom, faça o que puder. Exercite algumas habilidades que pode. Pegue um violão. Escreva um livro. Desenhe. Pinte. Componha uma música. Escreva um blog. Crie. Aprenda. Faça *algo*.

Aproveite a lesão física e a doença fazendo algo que normalmente não teria tempo para fazer. Em outras palavras: CORRA ATRÁS.

APÊNDICE:

EXERCÍCIOS FÍSICOS

FAÇA

Antes de começar a se exercitar, é preciso fazer aquecimento.

Gosto que meu aquecimento inclua exercícios simples ou exercícios com peso leve e movimentos lentos em amplitude total. Veja um ótimo aquecimento:

Pendure-se na barra fixa por 10 a 15 segundos. Faça a posição flexionada e segure por 10 a 15 segundos. Solte os quadris no chão e alongue seu abdômen. Eleve os quadris e alongue os músculos das pernas e costas. Fique de pé. Faça um agachamento lento e fique sentado na posição inferior por 10 a 15 segundos. Faça "burpees" (flexões dos braços com saltos) e alguns polichinelos.

Agora, volte para a barra e faça uma puxada. Desça e faça uma flexão, depois uma flexão dive bomber (flexão mergulho) lenta. Fique de pé e faça um movimento de agachamento lento e completo. Prossiga com algumas flexões e 5 polichinelos.

Agora repita o ciclo de novo, fazendo 2 repetições de cada exercício e 10 polichinelos. Depois faça

AQUECIMENTO

o ciclo com 3 repetições de cada um e 15 polichinelos. Continue aumentando as repetições até fazer 5 de cada exercício e 25 polichinelos.

Esse é um aquecimento consistente; o sangue *flui*.

Se seu exercício físico do dia foca um movimento específico, faça esse movimento com pesos leves. Por exemplo, se você faz deadlifts [levantamentos de peso], faça com um peso leve. Se faz levantamento de peso em dois movimentos, faça isso com um cano de PVC ou apenas uma barra. Se faz agachamentos, que sejam lentos, profundos, controlados com um peso muito leve, com uma postura perfeita e uma amplitude total de movimento. Isso não só aquecerá seu corpo, como também fortalecerá a memória muscular dos movimentos. Assim que ficar aquecido, solto e focado, poderá começar a se exercitar.

AVISO: NÃO LEVANTE PESOS MUITO PESADOS PARA VOCÊ NEM FAÇA MOVIMENTOS SEM A DEVIDA TÉCNICA OU FICARÁ LESIONADO.

INICIANTE

BARRA FIXA

Exercício básico: Máximo de 8 séries na barra fixa
Abdômen: 2 minutos de abdominais
MetCon [condicionamento metabólico]: Corra 400 metros 2 vezes

Instruções: Faça quantas flexões conseguir em 8 séries. Descanse de 2 a 3 minutos entre cada série.

Se conseguir fazer as flexões na barra, faça quantas puder em cada série, então acrescente de 3 a 5 flexões em suspensão no fim de cada série sem soltar a barra. Se soltá-la ao final das flexões de braço, pule imediatamente de volta à barra para fazer de 3 a 5 flexões em suspensão e comece o descanso de 2 a 3 minutos.

Se não conseguir fazer nenhuma flexão na barra, use o solo ou uma caixa estável no chão para subir e deixar seu queixo ficar acima da barra. Quando o queixo passar da barra, fique assim o tempo que puder. Isso é chamado de "repetição negativa".

FLEXÃO DE BRAÇO

Exercício básico: Máximo de 8 séries de flexões
Abdômen: 2 minutos de elevações das pernas, de 10 a 45 graus
MetCon: Máximo de burpees em 2 minutos

Instruções: Faça quantas barras puder em 8 séries. Descanse de 2 a 3 minutos entre cada série.

Varie a distância das mãos na largura dos ombros, 15cm perto e longe.

Se não conseguir fazer nenhuma flexão, experimente se apoiar nos joelhos em vez dos dedos dos pés no solo. Se mesmo assim for difícil, tente apoiar as mãos na parede e veja o que consegue fazer.

SÉRIE UM

LEVANTAMENTO

Exercício básico: 8 paradas de mãos

Abdômen: 2 minutos de elevações do corpo em V

MetCon: Corra 400 metros 2 vezes, com esforço máximo

Instruções: Faça paradas de mãos 8 vezes. Não a ponto de o músculo fraquejar, mas até sentir fadiga muscular. Conte por quantos segundos você mantém a posição. Descanse de 2 a 3 minutos entre cada série.

Use uma parede para se equilibrar durante as paradas de mãos. Tente não encostar muito nela.

Se não puder fazer a parada de mãos, faça a posição de flexão com os pés tocando a parede. Suba os pés na parede e aproxime as mãos dela. Veja o quanto chega perto da vertical. Desça pés e mãos. Repita isso 8 vezes.

AGACHAMENTO

Exercício básico: 50 "forward lunges" [agachamentos com uma das pernas à frente]

Abdômen: 1 minuto de abdominais, 1 minuto de abdominais reversos

MetCon: Máximo de burpees em 2 minutos

Instruções: Faça 50 agachamentos com uma das pernas à frente, alternando-as em cada repetição. Faça os agachamentos de modo controlado e contínuo. Seu joelho deve tocar o chão em cada repetição. Marque seu tempo, mas o objetivo não é a velocidade e sim fazer agachamentos controlados em um ritmo constante. Se você tiver fadiga muscular, pare de 2 a 3 minutos e continue. Repita até finalizar os 50 agachamentos.

INICIANTE

BARRA FIXA

Exercício básico: 5 séries de barras, mantendo as repetições
Abdômen: 2 minutos de abdominais
MetCon: Corra 400 metros 2 vezes

Instruções: Para o exercício da primeira série, faça a série máxima de barras. Se puder fazer as barras, faça. Se não, faça-as em suspensão. Se não conseguir fazer as flexões em suspensão, faça-as saltando ou com ajuda. Para as 4 séries restantes, faça quantas puder e assim que soltar a barra descanse de 10 a 15 segundos antes de voltar para a barra e fazer mais barras até atingir o mesmo número que fez na primeira série máxima. Isso é chamado de "série dividida", o que significa que você não consegue realizar as repetições requeridas, portanto, faz pausas rápidas e contínuas. Assim que concluir a série dividida, descanse de 2 a 3 minutos, então volte até concluir as 5 séries.

FLEXÃO DE BRAÇO

Exercício básico: 5 séries de flexões, mantendo as repetições
Abdômen: 2 minutos de elevações das pernas, de 10 a 45 graus
MetCon: Máximo de burpees em 2 minutos

Instruções: Este exercício é igual ao da Barra Fixa na série, mas com flexões comuns. Para o exercício da primeira série, faça a série máxima de flexões. Se conseguir fazer flexões completas, faça. Do contrário, faça-as a partir dos joelhos. Se não conseguir assim, faça-as usando a parede.

Para as 4 séries restantes, faça quantas flexões puder e,

SÉRIE DOIS

quando não conseguir mais, descanse de 10 a 15 segundos e continue fazendo mais flexões até atingir o mesmo número que fez na primeira série máxima, usando a metodologia da série dividida. Assim que concluir a série dividida, descanse de 2 a 3 minutos, então volte até concluir as 5 séries.

LEVANTAMENTO

Exercício básico: 5 paradas de "handstand negatives" [de ponta-cabeça: mãos no chão, pernas para o alto]
Segundo exercício: Círculos com os braços na lateral do corpo, na frente do corpo e acima da cabeça
Abdômen: 2 minutos de elevações do corpo em V
MetCon: Corra 800 metros o mais rápido que puder

Instruções: Faça a posição de "handstand negative" e abaixe-se o mais lentamente que puder. Use uma parede para manter o equilíbrio. Assim que sua cabeça atingir o solo, coloque os pés no chão, fique de pé e descanse de 2 a 3 minutos, então faça de novo 5 repetições completas. Quando concluí-las, faça 1 minuto para cada movimento circular com os braços na lateral do corpo, na frente do corpo e acima da cabeça.

AGACHAMENTO

Exercício básico: agachamentos com salto, agachamentos com impulso, agachamentos com uma das pernas à frente
Abdômen: 1 minuto de abdominais, 1 minuto de abdominais reversos
MetCon: Corra 1,5km

Instruções: Marque o tempo para 3 séries de 20 segundos. Faça 20 segundos de agachamentos com salto, 20 segundos de agachamentos com impulso e 20 segundos de agachamentos com uma das pernas à frente. Repita em um total de 3 rodadas. Embora esteja tentando fazer o máximo de repetições, não sacrifique a amplitude do movimento nem a postura com as repetições aumentadas.

INICIANTE

BARRA FIXA

Exercício básico: Barra fixa em pirâmide
Abdômen: 2 minutos de abdominais
MetCon: 4 circuitos x 100 metros

Instruções: Este exercício é recomendado quando você consegue fazer, pelo menos, 5 barras. Comece fazendo 1 barra. Descanse um pouco. Faça 2 barras. Descanse um pouco. Faça 3 barras. Descanse um pouco. Continue aumentando em 1 o número de barras em cada série, até não superar o número anterior. Quando isso acontecer, solte a barra, relaxe rápido, levante e complete a série. Agora volte à "pirâmide" diminuindo 1 barra em relação à série anterior. Se não conseguir fazer todas as barras em uma única série para chegar ao número requerido, atinja a meta em uma série dividida.

Se conseguir fazer as barras, faça; se não conseguir e puder fazer as barras em suspensão, faça. Se não conseguir fazer as barras em suspensão, ajude com saltos. Para qualquer exercício de barra, se puder utilizar barras em suspensão ou com salto para completar a série sem parar, faça isso algumas vezes. Mas de vez em quando solte a barra, descanse rápido e complete a série.

Para os circuitos, marque uma linha de partida, então uma linha em 5, 10, 15 e 20 metros. Comece na linha de partida e corra até a linha de 5m, toque na linha e corra de volta para a linha de partida; repita isso para as linhas de 10m, 15m e 20m. Mantenha o ritmo. Complete 4 séries. Descanse de 2 a 3 minutos entre as séries.

FLEXÃO DE BRAÇO

Exercício básico: Flexão em pirâmide
Abdômen: 2 minutos de elevações do corpo em V
MetCon: Corra 1,5km se esforçando

Instruções: Este exercício é recomendado quando você consegue fazer, pelo menos, de 6 a 10 flexões. Ele segue o mesmo padrão de barra fixa em pirâmide. Comece fazendo 1 flexão. Descanse um pouco. Faça 2 flexões. Descanse um pouco. Faça 3 flexões. Descanse um pouco. Continue aumentando em 1 o número de flexões em cada série até não superar o número anterior. Quando isso acontecer,

SÉRIE TRÊS

descanse rápido e continue com as flexões até completar a série. Agora volte para a pirâmide com uma repetição de flexões por série. Se não conseguir fazer todas as flexões em uma série para atingir o número requerido, atinja a meta em uma série dividida.

Se não conseguir fazer as flexões habituais, faça-as a partir dos joelhos. Se ainda assim não conseguir, faça-as em uma inclinação, usando uma parede ou com as mãos em uma mesa ou banco.

Para esse e qualquer exercício de flexão, se puder fazer flexões a partir dos joelhos para completar a série sem interrupção, faça isso algumas vezes. Mas de vez em quando descanse um pouco e complete a série.

LEVANTAMENTO

Exercício básico: 4 paradas de mãos
Segundo exercício: Pranchas abdominais com levantamento dos braços
Terceiro exercício: Círculos com os braços na lateral do corpo, na frente do corpo e acima da cabeça
Abdômen: Posição de prancha por 1 minuto
MetCon: 1 agachamento com impulso e 5 polichinelos repetidamente por 2 minutos, para um número máximo de burpees

Instruções: Faça uma parada de mãos. Aguente até sentir fadiga muscular, mas não a falha dos músculos. Assim que concluir, faça 1 minuto de prancha com levantamento dos braços, então um minuto de círculos com os braços para cada posição: lateral, frontal e acima da cabeça. Assim que concluir, descanse por cerca de 2 a 3 minutos e repita o circuito mais 3 vezes.

AGACHAMENTO

Exercício básico: 5 séries de 10 agachamentos/5 agachamentos com a barra à frente

Abdômen: 1 minuto de abdominais, 1 minuto de abdominais reversos, 1 minuto na posição de prancha

MetCon: Corra 400 metros 2 vezes

Instruções: Faça 10 agachamentos seguidos de 5 agachamentos com barra à frente por 5 séries. Descanse quando precisar, mas tente manter um ritmo constante e faça os exercícios com o mínimo de repouso. Manter uma boa postura é melhor do que ter velocidade. Os agachamentos com as pernas à frente são realizados com 1 repetição em cada perna. Corra 400m, descanse de 2 a 3 minutos, então corra mais 400m.

INICIANTE

BARRA FIXA

Exercício básico: 5 séries de barras rápidas, de 1 minuto, e 2 minutos de descanso
Abdômen: 2 minutos de abdominais
MetCon: 4 circuitos x 100 metros

Instruções: Este exercício é para ganhar força e resistência nos músculos dos braços flexionados. Marque 1 minuto de exercício e 2 minutos de descanso. Durante 1 minuto de exercício, faça quantas barras conseguir. Isso provavelmente será em séries divididas, significando que você soltará a barra para descansar durante a série. Torne o descanso durante a série o menor possível (5 a 7 segundos) antes de voltar para a barra e continuar fazendo até completar o tempo. Assim que passar 1 minuto, descanse 2 minutos, então faça outro minuto de barras. Repita até ter feito 5 séries na barra fixa.

Se puder fazer as barras, faça; se não conseguir e puder fazer em suspensão, faça. Se não conseguir fazer as barras em suspensão, faça com salto. Também é possível utilizar os três tipos de flexões de braço para maximizar o número de barras feitas durante o minuto de exercício.

Para os circuitos, marque uma linha de partida e uma linha em 5m, 10m, 15m e 20 metros. Comece na linha de partida e corra até a linha de 5m, toque nela e corra de volta para a linha de partida; repita isso para as linhas de 10m, 15m e 20m. Mantenha o ritmo. Complete 4 séries. Descanse de 2 a 3 minutos entre as séries.

SÉRIE QUATRO

FLEXÃO DE BRAÇO

Exercício básico: 1 minuto de flexões rápidas e 2 minutos de descanso para 5 séries
Abdômen: Posição de prancha por 1 minuto
MetCon: 2 minutos de burpees

Instruções: Parecido com as barras rápidas, este exercício é para ganhar força e resistência nos músculos estimulados. Marque o tempo para 1 minuto de exercício e 2 minutos de descanso. Durante 1 minuto de exercício, faça quantas flexões conseguir. Isso provavelmente será em séries divididas, significando que você pode precisar descansar mesmo durante sua série. Torne o descanso durante a série o menor possível (5 a 7 segundos) antes de continuar a fazer flexões até completar o tempo. Assim que passar um minuto, descanse por 2 minutos, então faça outro minuto de flexões. Repita até ter feito 5 séries de flexões.

Mais uma vez, para este e qualquer exercício de flexão, se você esgotar os músculos e puder utilizar as flexões a partir dos joelhos para completar a série sem interrupção, faça isso algumas vezes. Mas de vez em quando descanse rapidamente, e então complete a série usando força nas flexões com os pés no chão.

LEVANTAMENTO

Exercício básico: 5 minutos de paradas de mãos
Segundo exercício: Prancha com levantamento dos braços
Terceiro exercício: Círculos com os braços na lateral do corpo, na frente do corpo e acima da cabeça
Abdômen: 2 minutos de elevações do corpo em V

MetCon: Corra 400 metros 2 vezes com o máximo de esforço

Instruções: Fique na posição de parada de mãos por um total de 5 minutos. Não faça este exercício se não puder fazer a posição de parada de mãos por, pelo menos, 1 minuto. Se não puder manter a posição por esse tempo, volte para o exercício de Levantamento nas Séries 1, 2 ou 3.

Para esse exercício, faça a parada de mãos usando uma parede para ter equilíbrio. Fique assim o quanto puder sem atingir uma falha completa do músculo ou cair sobre a cabeça. Conte os segundos para controlar quanto tempo ficou assim. Repita as séries até ter atingido um total de 5 minutos na parada de mãos.

Assim que concluir, faça 1 minuto de prancha com levantamento dos braços, então 1 minuto de círculos com os braços para cada posição: lateral, frontal e acima da cabeça.

AGACHAMENTO

Exercício básico: 50 agachamentos com uma das pernas à frente e 50 agachamentos simples
Abdômen: 1 minuto de abdominais, 1 minuto de abdominais reversos
MetCon: Máximo de burpees em 2 minutos

Instruções: Faça 50 agachamentos com uma das pernas à frente em cada perna, alternando-as em cada repetição. Faça os agachamentos de modo controlado e constante. Seu joelho deve tocar o chão em cada repetição. Marque seu tempo; o objetivo não é a velocidade, mas fazer agachamentos controlados em um ritmo constante. Se você sentir fadiga muscular, descanse de 2 a 3 minutos, então continue. Repita até ter feito 50 agachamentos. Assim que terminar, faça 50 agachamentos com o peso corporal.

De novo, o objetivo não é a velocidade, mas o movimento controlado com a amplitude total que conseguir fazer. Se precisar parar e descansar, é bom. Descanse por um minuto ou dois, então continue.

Se perder o equilíbrio na parte inferior do agachamento, talvez ajude colocar um bloco de 5cm sob o calcanhar durante o exercício. Com o tempo, pode reduzir para um bloco de 3cm, depois para 2cm, 1cm e finalmente terá melhorado sua flexibilidade e mobilidade a ponto de não precisar mais de um bloco.

INTERMEDIÁRIO

BARRA FIXA

Exercício básico: 8 séries na barra fixa/barra com pegada supinada
Segundo exercício: Levantamentos de peso
Terceiro exercício: Supinos invertidos com barra reta e normais
Abdômen: 2 minutos de abdominais, 2 minutos de elevações das pernas
MetCon: Corra 400 metros 3 vezes

Instruções:

- Faça uma série máxima de barras. Assim que atingir o máximo, solte a barra, descanse de 15 a 20 segundos, então volte para a barra com uma pegada supinada e faça quantas elevações conseguir. Assim que as séries rápidas terminarem, descanse de 2 a 3 minutos, então faça a próxima série. Complete um total de 8 séries. Tente usar as puxadas na barra para séries que requerem o máximo. Se conseguir mais algumas repetições em suspensão, faça;
- Faça 6 séries de levantamentos de peso, com um peso que permita de 3 a 6 repetições por série, mantendo boa postura;
- Assim que terminar, faça uma série de supinos invertidos até a exaustão (visando de 6 a 10 repetições), então troque para uma pegada normal e complete outra série máxima. Descanse por cerca de 1 minuto, então repita para um total de 6 séries;
- Abdômen: Complete 2 minutos de abdominais e 2 minutos de elevações das pernas;
- MetCon: Complete um tiro de 400 metros 3 vezes.

FLEXÃO DE BRAÇO

Exercício básico: Máximo de 8 séries de descidas/flexões
Segundo exercício: Movimento de arranque em suspensão
Abdômen: 100 elevações do corpo em V
MetCon: Máximo de burpees em 3 minutos

Instruções:

- Faça uma série máxima de descidas. Assim que terminar, solte as barras paralelas e faça uma série máxima de flexões. Descanse de 2 a 3 minutos, então complete a próxima série. Faça um total de 8 séries;
- Use um cano de PVC para fazer o movimento de arranque em suspensão. Faça 40 repetições com uma postura perfeita;
- Abdômen: Faça 100 elevações em V. Divida a série se precisar;
- MetCon: Faça burpees. Rápido.

SÉRIE UM

LEVANTAMENTO

Exercício básico: 8 séries de flexões com parada de mãos e deadlifts
Segundo exercício: Desenvolvimento de ombros
Abdômen: 4 séries de joelhos até os cotovelos, máximo de repetições
MetCon: 6 circuitos x 100 metros

Instruções:

- Faça 8 séries máximas de flexões com parada de mãos seguidas de 1 minuto de descanso e deadlifts. Para o deadlift, utilize um peso que possa levantar de 6 a 8 repetições. Você fará menos repetições a cada exercício à medida que fizer as séries. Tudo bem. Mantenha a postura correta para evitar lesões, sobretudo no deadlift;
- Quando terminar o exercício inicial, faça alguns movimentos com os halteres de peso moderado para conseguir fazer de 4 a 8 repetições. Faça 5 séries de levantamentos;
- Abdômen: Flexione os joelhos até os cotovelos, use uma barra fixa e eleve os joelhos para tocar os cotovelos.
  Faça o máximo de repetições e descanse de 2-3 minutos. Faça 4 séries;
- MetCon: Complete 6 séries de circuitos de 100m com 1 minuto de descanso entre os exercícios.

AGACHAMENTO

Exercício básico: Agachamentos com barra atrás
Segundo exercício: Agachamentos com barra acima da cabeça
Terceiro exercício: Agachamentos com salto
Abdômen: Prancha por 3 minutos
MetCon: Corrida de 3km

Instruções:

- Faça 50 agachamentos com barra atrás e metade de seu peso corporal. Divida a série conforme precisar para completar o exercício;
- Faça 50 agachamentos com barra acima da cabeça, usando um cano de PVC;
- Faça 50 agachamentos com salto;
- Abdômen: Posição de prancha por 3 minutos;
- MetCon: Corra 3km. Corra com um ritmo bom para ter condicionamento metabólico [MetCon], mas também para soltar as pernas depois de um exercício muito intenso. Corra muito, mas não com esforço total.

INTERMEDIÁRIO

BARRA FIXA

Exercício básico: 50 barras e 100 barras em suspensão no menor tempo possível
Segundo exercício: Levantamentos até o ombro
Terceiro exercício: Supinos invertidos com barra reta e normais
Abdômen: 2 minutos de abdominais, 2 minutos de elevações das pernas
MetCon: Máximo de burpees em 5 minutos

Instruções:

- Complete 50 barras seguidas de 100 barras em suspensão o mais rápido possível. Divida as séries quando necessário para concluí-las;
- Faça 6 levantamentos até o ombro, com um peso que permita fazer de 3 a 6 repetições por série, mantendo uma boa postura;
- Quando concluir, faça uma série de supinos invertidos até a exaustão (com um peso que permita completar de 6 a 10 repetições), então troque para uma pegada normal e complete outra série máxima. Descanse por aproximadamente 1 minuto, então repita para um total de 6 séries;
- Abdômen: Complete 2 minutos de abdominais e 2 minutos de elevações das pernas;
- MetCon: Faça o número máximo de burpees que conseguir em 5 minutos.

FLEXÃO DE BRAÇO

Exercício básico: 50 descidas e 100 flexões no menor tempo possível
Segundo exercício: Movimento de arranque até a cabeça
Abdômen: 100 elevações em V
MetCon: Máximo de burpees em 3 minutos

Instruções:

- Faça 50 descidas seguidas de 100 flexões rápidas no menor tempo possível;
- Use um cano de PVC ou um peso muito leve para realizar o arranque até a cabeça. Faça 40 repetições com uma postura perfeita;
- Abdômen: Faça 100 elevações em V. Divida a série se precisar;
- MetCon: Faça burpees. Rápido.

SÉRIE DOIS

LEVANTAMENTO

Exercício básico: 50 flexões com parada de mãos e 50 deadlifts com o peso corporal no menor tempo possível
Segundo exercício: Desenvolvimento de ombros
Terceiro exercício: Levantamento de peso em dois movimentos
Abdômen: 4 séries de joelhos nos cotovelos, máximo de repetições
MetCon: 6 circuitos x 100 metros

Instruções:

- Faça 50 flexões com parada de mãos e 50 deadlifts com o peso do corpo. Postura correta para evitar lesões, sobretudo no deadlift;
- Quando o exercício inicial terminar, levante halteres com um peso moderado que possa repetir 4 a 8 vezes. Faça 5 séries com halteres;
- Para levantar peso em dois movimentos, use um cano de PVC ou um peso muito leve para praticar uma postura perfeita em 40 repetições;
- Abdômen: Flexione os joelhos nos cotovelos, pendure-se na barra fixa e eleve os joelhos até tocarem os cotovelos. Faça o máximo que conseguir, então descanse 2 a 3 minutos. Faça 4 séries;
- MetCon: Complete 6 séries de circuito com 100m, com 1 minuto de descanso entre os exercícios.

AGACHAMENTO

Exercício básico: Máximo de 6 séries de agachamentos com barra atrás e 100% do peso corporal; Segundo exercício: 6 séries de agachamentos com barra à frente e 50% do peso corporal; Terceiro exercício: Agachamentos com barra acima da cabeça
Abdômen: 3 minutos na posição de prancha
MetCon: Corrida de 3km

Instruções:

- Complete 6 séries de repetições máximas do agachamento com barra atrás e o peso corporal na barra. Descanse 2 a 3 minutos entre cada série. Mantenha uma postura correta. Se a postura mudar, pare, descanse e vá para a próxima série;
- Complete 6 séries de repetições máximas do agachamento com barra à frente e metade do peso corporal na barra. De novo, a postura é fundamental; se ela mudar, a série terminou;
- Faça 50 agachamentos com barra acima da cabeça ou peso muito leve;
- Abdômen: Posição de prancha por 3 minutos;
- MetCon: Corra 3 km. Corra com um bom ritmo para ter condicionamento físico, mas também para soltar as pernas após um exercício muito intenso. Corra muito, mas não com esforço total.

INTERMEDIÁRIO

BARRA FIXA

Exercício básico: 5 séries de barras sentado em L, barras contraído em L, barras, em suspensão e barra com pegada supinada
Segundo exercício: Levantamentos até o ombro
Terceiro exercício: Supinos invertidos com barra reta e normais
Abdômen: 2 minutos de abdominais, 2 minutos de elevações das pernas
MetCon: 20, 15, 10, 5 barras/levantamentos até o ombro

Instruções:

- Faça o máximo da série de barras sentado em L, descanse 15 segundos; o máximo de barras contraído em L, descanse 15 segundos; o máximo de barras, descanse 15 segundos; o máximo de barras em suspensão, descanse 15 segundos; o máximo de barras com pegada supinada, descanse 15 segundos. E repita 5 vezes;
- Faça 4 séries de levantamentos até o ombro, com um peso que permita fazer de 3 a 6 repetições por série mantendo uma boa postura;
- Quando concluir, faça uma série de supinos invertidos até a exaustão (com um peso que permita completar de 6 a 10 repetições), então troque para uma pegada normal e complete outra série máxima. Descanse cerca de 1 minuto, então repita para um total de 6 séries;
- Abdômen: Faça 2 minutos de abdominais e elevações das pernas;
- MetCon: Complete as séries de 20, 15, 10 e 5 repetições, alternando entre barras e levantamentos até o ombro. Para os levantamentos, use o maior peso que puder sem dividir as séries.

FLEXÃO DE BRAÇO

Exercício básico: 5 séries de descidas, flexões com palmas, flexões profundas e flexões para os tríceps
Segundo exercício: Movimento de arranque até a cabeça
Abdômen: 100 elevações em V, 100 giros russos
MetCon: Máximo de burpees em 3 minutos

Instruções:

- Faça o máximo de descidas, descanse 15 segundos; o máximo de flexões com palmas, descanse 15 segundos; o máximo de flexões profundas, descanse 15 segundos; o máximo de flexões para os tríceps. Ao terminar, descanse 2 a 3 minutos e repita a série 5 vezes. Para as flexões profundas, basta tirar as mãos do chão 15cm para chegar na posição de flexão inferior da amplitude do movimento;
- Use um cano de PVC ou um peso muito leve para o arranque. Faça 40 repetições com uma postura perfeita;
- Abdômen: Faça 100 elevações em V e giros russos. Divida se precisar;
- MetCon: Faça burpees. Rápido.

SÉRIE TRÊS

LEVANTAMENTO

Exercício básico: 8 séries do máximo de HSPUs (flexões com parada de mãos) e 8 séries de deadlifts com o peso corporal
Segundo exercício: Treinos de levantamento de peso em dois movimentos
Abdômen: 4 séries de elevações das pernas retas em suspensão, máximo de repetições
MetCon: 6 circuitos x 100 metros

Instruções:

- Faça 8 séries de HSPUs seguidas de deadlifts com o peso do corpo na barra. Não chegue a uma falha dos músculos nos deadlifts. Ao contrário, atinja uma fadiga muscular e pare para manter uma postura correta e evitar lesões;
- Para o levantamento de peso em dois movimentos, use um peso muito leve (cerca de 15% do seu peso corporal) para praticar uma postura perfeita por 30 repetições simples;
- Abdômen: Pendure-se na barra fixa e eleve as pernas retas o mais alto que conseguir. Faça o máximo de repetições e descanse de 2 a 3 minutos. Faça 4 séries;
- MetCon: Complete 6 séries de circuitos de 100m, com 1 minuto de repouso entre os exercícios.

AGACHAMENTO

Exercício básico: 8 séries do máximo de agachamentos com barra à frente e ~50% do peso corporal
Segundo exercício: 3 séries do máximo de agachamentos com barra atrás e ~100% do peso corporal
Terceiro exercício: Agachamentos com barra acima da cabeça
Abdômen: 3 minutos na posição de prancha
MetCon: Corrida de 3km

Instruções:

- Agachamento com barra à frente e ~50% do peso corporal por 8 séries. Descanse cerca de 2 minutos entre cada série. Não atinja uma falha dos músculos, apenas uma fadiga muscular. Não manter a devida postura pode levar a lesões graves;
- Agachamento com barra atrás e ~100% do peso corporal por 3 séries. Descanse cerca de 2 minutos entre cada série. Mantenha uma postura correta e não atinja uma falha dos músculos, apenas uma fadiga muscular;
- Faça 50 agachamentos com barra acima da cabeça com um cano de PVC ou um peso muito leve;
- MetCon: Corra 3km em um bom ritmo para ter condicionamento metabólico, mas também para soltar as pernas após um exercício muito intenso. Corra muito, mas não com esforço total.

INTERMEDIÁRIO

BARRA FIXA

Exercício básico: EMOTM (determinado número de exercícios em um minuto e descanso no resto desse minuto) — barras em pirâmide
Segundo exercício: Levantamentos até o ombro
Terceiro exercício: Supinos invertidos com barra reta e normais
Abdômen: 2 minutos de abdominais, 2 minutos de elevações das pernas
MetCon: Máximo de burpees em 5 minutos

Instruções:

- Marque 1 minuto. No primeiro minuto faça uma barra, no segundo faça 2 barras, no terceiro faça 3 barras. Comece com barras e mude para barras em suspensão quando precisar para atingir o número requerido. Continue aumentando em 1 o número de barras em cada série, até não superar o número anterior. Complete o número de barras dividindo a série e terminando. Volte para a pirâmide dividindo a série quando precisar e descansando 1 a 2 minutos;
- Faça 6 séries de levantamentos até o ombro, com um peso que permita fazer 3 a 6 repetições por série, mantendo uma boa postura. Quando terminar, faça uma série de supinos invertidos até a exaustão (com um peso que permita completar 6 a 10 repetições), então troque para uma pegada normal e termine outra série máxima. Descanse cerca de 1 minuto e repita para um total de 6 séries;
- Abdômen: Complete 2 minutos de abdominais e elevações das pernas;
- MetCon: Faça séries de 20, 15, 10 e 5 repetições, alternando entre barras e levantamentos até o ombro. Para os levantamentos, use o maior peso que puder, sem dividir as séries.

FLEXÃO DE BRAÇO

Exercício básico: Descida em pirâmide em um minuto
Segundo exercício: Flexão em pirâmide em um minuto
Terceiro exercício: Movimento de arranque até a cabeça
Abdômen: 100 elevações em V, 100 giros russos
MetCon: Máximo de burpees em 3 minutos

Instruções:

- Marque 1 minuto. No primeiro minuto faça uma descida; no segundo, 2 descidas; no terceiro, 3 descidas com movimentos lentos, profundos e completos. Aumente em 1 as flexões de braço em cada série, até não completar o número requerido. Complete as descidas dividindo a série e terminando. Volte para a pirâmide dividindo as séries quando precisar e descansando 1 a 2 minutos;
- Ao terminar, repita, usando força nas flexões com movimentos completos;

SÉRIE QUATRO

- Use um cano de PVC ou um peso muito leve para fazer o arranque até a cabeça. Faça 40 repetições com uma postura perfeita;
- Abdômen: 100 elevações em V e 100 giros russos. Divida se precisar;
- MetCon: Faça burpees. Rápido.

LEVANTAMENTO

Ex. básico: Deadlifts Tabata com o peso corporal, depois HSPUs Tabata
Segundo exercício: Treinos de levantamento de peso em dois movimentos
Abdômen: 4 séries com o máximo de elevações das pernas retas em suspensão
MetCon: 6 circuitos x 100 metros

Instruções:

- Para o protocolo Tabata, marque o tempo para 8 séries de 20 segundos de exercícios seguidos de 10 segundos de descanso. Use esse protocolo para fazer o número máximo de repetições de deadlifts com o peso corporal na barra. A postura correta é fundamental para evitar lesões. Ao concluir os deadlifts, siga o mesmo protocolo para as HSPUs;
- Para os levantamentos de peso em dois movimentos, use um peso muito leve (cerca de 25% do seu peso corporal) para praticar uma postura perfeita por 30 repetições simples;
- Abdômen: Segure a barra fixa e levante as pernas retas o mais alto que puder. Repita ao máximo e descanse 2 minutos. Faça 4 séries;
- MetCon: Complete 6 séries de circuitos com 100m, com 1 minuto de descanso entre os exercícios.

AGACHAMENTO

Exercício básico: 8 séries do máximo de agachamentos com barra atrás e ~100% do peso corporal
Segundo exercício: 3 séries do máximo de agachamentos com barra à frente e ~50% peso corporal
Abdômen: Posição de prancha por 3 minutos MetCon: Corra 3km

Instruções:

- Máx. de repetições de agachamentos com barra atrás e ~100% do peso corporal por 8 séries. Descanse por 2 minutos entre cada série. Não atinja a falha dos músculos, apenas a fadiga muscular. Postura reta e correta. Não manter a devida postura pode resultar em lesões graves;
- Máx. de repetições de agachamentos com barra à frente e ~50% do peso corporal por 3 séries. Descanse por 2 minutos. Mantenha a devida postura e não atinja a falha dos músculos, apenas a fadiga muscular;
- Abdômen: Mantenha a posição de prancha por 3 minutos;
- MetCon: Corra 3km em um bom ritmo para ter condicionamento metabólico, mas também para soltar as pernas após um exercício muito intenso. Corra muito, mas não com esforço total.

AVANÇADO

BARRA FIXA

Exercício básico: 5 séries de barras com peso e normais
Segundo exercício: Levantamentos de peso; Abdômen: 100 elevações em V, 100 giros russos; MetCon: 25 barras/corra 400m x 4

Instruções:

- Use um cinto com peso ou colete com ~20% de seu peso corporal. Complete 5 séries de barras com peso, descanse 1 a 2 minutos entre cada série. Complete 5 séries barras com peso em suspensão, descanse 1 a 2 minutos. Depois, retire o cinto e complete 5 séries de barras. Faça um máximo de 5 séries de barras em suspensão sem peso;
- Faça 6 séries de levantamentos de peso, com um peso que permita 3 a 6 repetições por série, mantendo uma boa postura;
- Abdômen: Faça 100 elevações em V e 100 giros russos;
- MetCon: Faça 25 barras e corra 400m. Repita para um total de 4 rodadas.

FLEXÃO

Exercício básico: Descidas nas argolas e nas barras com peso
Abdômen: 5 séries de elevações das pernas em suspensão
MetCon: Arranque até a cabeça/flexões com palmas/burpees 20, 15, 10, 5

Instruções:

- Use um cinto com peso ou colete com ~20% do seu peso. Complete 5 séries de descidas nas argolas com peso, descansando 1 a 2 minutos entre cada série. Complete 5 séries de descidas nas barras com peso, descansando 1 a 2 minutos. Retire o peso e complete 5 séries de descidas nas argolas. Faça 5 séries do máximo de descidas sem peso;
- Abdômen: Faça 5 séries de elevações das pernas em suspensão;
- MetCon: Faça rodadas de arranques até a cabeça, flexões com palmas e burpees em 20, 15, 10 e 5 repetições o mais rápido possível. Os arranques com força usam ~30–40% de seu peso corporal.

LEVANTAMENTO

Exercício básico: Arranque até a cabeça, levante peso em dois movimentos, deadlift
Abdômen: Abdominais GHD x 100
MetCon: 6 circuitos x 100 metros

Instruções:

- Postura e técnica são essenciais. Sacrificar a postura certa

SÉRIE UM

não o tornará mais forte; apenas o deixará lesionado. Recomenda-se participar de um programa de treinamento prático ao vivo ministrado por um profissional quanto a esses levantamentos, antes dos exercícios. Se não for possível fazer os levantamentos com técnica e postura corretas, NÃO FAÇA. VOCÊ FICARÁ LESIONADO;

- Comece fazendo 3 a 5 repetições de arranques até a cabeça por peso. Aumente o peso de 2kg a 9kg a cada levantamento, buscando atingir seu máximo em cerca de 8 séries. Assim que não conseguir 2 vezes, troque para o levantamento de peso em dois movimentos. Continue adicionando peso de 2kg a 9kg até atingir seu máximo; tente fazer em cerca de 6 séries. Assim que não conseguir 2 levantamentos, troque para o deadlift. Continue adicionando peso de 5kg a 22kg ate atingir seu máximo. Quando isso acontecer, faça 2 simples com esse peso;
- Abdômen: Faça 100 abdominais GHD;
- MetCon: 6 circuitos x 100 metros.

AGACHAMENTO

Exercício básico: Agachamentos com barra acima da cabeça, à frente e atrás; Abdômen: Elevações das pernas em suspensão; MetCon: Corra 3km

Instruções:

- Mantenha uma postura correta ao fazer os exercícios. Ignorar isso pode resultar em lesões graves. Não deixe seu ego ditar o peso usado;
- Descanse cerca de 2 minutos entre cada série. Comece o agachamento com barra acima da cabeça com 3 a 5 repetições por peso. Aumente o peso de 2–9kg a cada levantamento, buscando atingir seu máximo em cerca de 8 séries. Assim que não conseguir, troque para o agachamento com barra à frente. Continue adicionando peso de 2–9kg até atingir seu máximo; tente fazer em cerca de 6 séries. Assim que não conseguir, troque para o agachamento com barra atrás. Continue adicionando peso de 4–9kg até atingir seu máximo. Quando isso acontecer, faça 2 simples com esse peso;
- Abdômen: 5 séries com o máximo de elevações das pernas em suspensão;
- MetCon: Corra 3km em um bom ritmo, mas não com esforço total. O objetivo é soltar as pernas depois do exercício pesado.

Lembrete: Durante os levantamentos, mantenha uma postura firme e correta.

AVANÇADO

BARRA FIXA

Exercício básico: 30 muscle-ups [treinamento de força], 100 barras, 100 barras em suspensão no menor tempo possível
Segundo exercício: Levantamentos de peso
Terceiro exercício: Supinos invertidos/normais
Abdômen: 100 elevações em V, 100 giros russos, 100 abdominais, 100 abdominais invertidos
MetCon: 20, 15, 10, 5 de barras/levantamentos até o ombro

Instruções:

- Faça 30 muscle-ups, seguidos de 100 barras e 100 barras em suspensão o mais rápido possível;
- Faça 6 séries de levantamentos de peso, com um peso que permita fazer 3 a 6 repetições por série mantendo uma boa postura;
- Complete 5 séries de supinos invertidos seguidas de supinos normais, com um peso que permita completar 8 a 12 repetições;
- Abdômen: Faça 100 elevações em V seguidas de 100 giros russos;
- MetCon: Faça 4 séries de levantamentos até o ombro/barras com estas repetições: 20, 15, 10, 5. Utilize ~60% do peso corporal para os levantamentos.

FLEXÃO DE BRAÇO

Exercício básico: Descidas nas argolas, puxadas nas argolas, flexões
Abdômen: 5 séries de elevações das pernas em suspensão
MetCon: 100 burpees no menor tempo possível

Instruções:

- Faça 100 descidas nas argolas, seguidas de 100 descidas, depois 100 puxadas nas argolas e flexões normais o mais rápido possível;
- Abdômen: Faça de 5 séries com o máximo de elevações das pernas em suspensão;
- MetCon: Complete 100 burpees no menor tempo possível.

SÉRIE DOIS

LEVANTAMENTO

Exercício básico: Deadlift
Abdômen: 100 abdominais GHD
MetCon: Circuito HSPU, levantamento de peso em dois movimentos, deadlift

Instruções:

- Postura e técnica são essenciais. Sacrificar a postura correta não o tornará mais forte; apenas o deixará lesionado. Recomenda-se participar de um programa de treinamento prático ao vivo, ministrado por um profissional quanto a esses levantamentos, antes dos exercícios. Se não for possível fazer os levantamentos com técnica e postura corretas, NÃO FAÇA. VOCÊ FICARÁ LESIONADO;
- Faça 8 a 10 séries de deadlift, aumentando até 4 séries com um peso que permita completar 2 a 4 repetições;
- Abdômen: Faça 100 abdominais GHD;
- MetCon: Prepare uma barra com ~150% de seu peso corporal e outra com ~60%. No menor tempo possível, faça 4 rodadas de HSPUs, levantamento de peso em dois movimentos com ~60% do peso corporal e deadlifts com ~150% de seu peso com estas repetições: 20, 15, 10, 5.

AGACHAMENTO

Exercício básico: Agachamento com barra atrás
Abdômen: 100 abdominais com ~20% do peso corporal no peito
MetCon: Agachamento com barra acima da cabeça/atrás/corrida

Instruções:

- Mantenha uma postura firme ao fazer os exercícios. Não fazer isso pode resultar em lesão grave. Não deixe que seu ego dite o peso usado;
- Faça 8 a 10 séries de agachamento com barra atrás, aumentando até 4 séries com um peso que permita completar 2 a 4 repetições;
- Abdômen: Com uma anilha no peito de aproximadamente 20% do peso corporal, faça 100 abdominais;
- MetCon: No menor tempo possível, faça 4 rodadas de agachamentos com barra acima da cabeça e ~60% do peso corporal, seguidas de agachamento com barra atrás e 100% do peso corporal em repetições de 20, 15, 10, 5. Corra 400 metros entre cada rodada.

Lembrete: Durante os levantamentos, mantenha uma postura firme e correta.

AVANÇADO

BARRA FIXA

Exercício básico: 3 minutos e descanso de 1 minuto: muscle-ups, barras sentado em L, barras contraído em L, barras, barras com pegada supinada, barras em suspensão
Segundo exercício: Levantamentos de peso
Terceiro exercício: Supinos invertidos/normais
Abdômen: 100 elevações em V, 100 giros russos
MetCon: 20, 15, 10, 5 de barras/levantamentos até o ombro

Instruções:

- Marque seu tempo para 3 minutos de exercícios e 1 minuto de descanso. Faça quantos muscle-ups puder em 3 minutos e descanse 1. Repita o mesmo padrão para as barrassentado em L, barras contraído em L, barraa, barras com pegada supinada e barras em suspensão. Quando seu tempo acabar para as flexões em suspensão, continue fazendo-as até atingir 100;
- Faça 6 séries de levantamentos de peso, com um peso que permita fazer 3 a 6 repetições por série, mantendo uma boa postura;
- Complete 5 séries de supinos invertidos seguidas de normais, com um peso que permita completar 8 a 12 repetições.;
- Abdômen: Faça 100 elevações em V seguidas de 100 giros russos;
- MetCon: Faça 4 séries de levantamentos até o ombro/barras com estas repetições: 20, 15, 10, 5.

FLEXÃO DE BRAÇO

Exercício básico: 3 minutos de exercício e descanso de 1 minuto: descidas nas argolas, puxadas nas argolas, descidas, flexões com palmas, profundas, flexões normais
Segundo exercício: Movimento de arranque até a cabeça
Abdômen: 5 minutos de prancha
MetCon: Burpees 3x3

Instruções:

- Marque seu tempo para 3 minutos de exercícios e 1 de descanso. Faça quantas descidas nas argolas puder em 3 minutos e descanse 1. Repita o mesmo padrão para as puxadas nas argolas, descidas e flexões com palmas, profundas e normais. Quando seu tempo acabar, continue fazendo flexões até atingir 100;
- Faça 40 repetições do movimento de arranque com um peso muito leve;
- Abdômen: Posição de prancha por 5 minutos;
- MetCon: Faça 3 rodadas do máximo de burpees em 3 minutos com 1 minuto de descanso entre elas.

SÉRIE TRÊS

LEVANTAMENTO

Exercício básico: Levantamento de peso em dois movimentos
Abdômen: 100 abdominais GHD MetCon: Circuito HSPUs, levantar peso em dois movimentos, deadlifts

Instruções:

- Postura e técnica são essenciais. Sacrificar a postura correta não o tornará mais forte; apenas o deixará lesionado. Recomenda-se participar de um programa de treinamento prático ao vivo, ministrado por um profissional quanto a esses levantamentos, antes dos exercícios. Se não for possível fazer os levantamentos com técnica e postura corretas, NÃO FAÇA. VOCÊ FICARÁ LESIONADO;
- Faça 8 a 10 séries de levantamento de peso em dois movimentos, aumentando até 4 séries com um peso que permita completar 2 a 4 repetições;
- Abdômen: Faça 100 elevações em V e 100 giros russos segurando 4kg a 11kg;
- MetCon: Prepare uma barra com ~180% do seu peso corporal e outra com ~80% do seu peso. No menor tempo possível, faça 10 rodadas de HSPUs, levantamento de peso em dois movimentos com ~80% do peso corporal e deadlifts com ~180% do peso corporal com estas repetições: 10, 9, 8, 7, 6, 5, 4, 3, 2, 1.

AGACHAMENTO

Ex. básico: Agachamento com barra acima da cabeça, à frente, atrás
Abdômen: 100 abdominais com ~20% do peso corporal no peito
MetCon: Corrida

Instruções:

- Mantenha a postura firme ao fazer os exercícios. Não fazer isso pode e resultará em lesão grave. Não deixe que seu ego dite o peso usado;
- Faça 50 agachamentos com barra acima da cabeça e ~60% do peso corporal. Faça 50 agachamentos com barra à frente e ~80% do peso corporal. Faça 50 agachamentos com barra atrás, com o peso corporal;
- Abdômen: Com uma anilha no peito com cerca de 20% do peso corporal, faça 100 abdominais;
- MetCon: Corra 3km em um bom ritmo.

Lembrete: Durante os levantamentos, mantenha uma postura firme e correta. A postura é essencial. Se começar a mudar, pegue leve no peso.

AVANÇADO

BARRA FIXA

Exercício básico: muscle-ups, barras sentado em L, barras contraído em L, barras, barras em suspensão, barras com pegada supinada
Segundo exercício: Levantamentos de peso
Terceiro exercício: Supinos invertidos/normais
Abdômen: 100 elevações em V, 100 giros russos, 100 abdominais, 100 abdominais invertidas
MetCon: EMOTM — burpees/barras

Instruções:

- Faça quantos muscle-ups puder em uma série. Depois faça uma série máxima de barras sentado em L, barras contraído em L, barra, barras em suspensão e, por fim, barras com pegada supinada. Repita o circuito 5 vezes, com descanso mínimo entre as séries;
- Faça 6 séries de levantamento de peso, com um peso que permita fazer 3 a 6 repetições por série, mantendo boa postura;
- Complete 5 séries de supinos invertidos seguidas de normais, com um peso que permita completar 8 a 12 repetições.;
- Abdômen: Faça 100 elevações em V, giros russos, abdominais e abdominais invertidas;
- MetCon: Em um minuto, faça 5 burpees e o máximo de barras para um total de 6 minutos.

FLEXÃO DE BRAÇO

Exercício básico: Descidas nas argolas, puxadas nas argolas, descidas, flexões com palmas, profundas, normais
Segundo exercício: Movimentos de arranque até a cabeça
Abdômen: Sentado em L na argola
MetCon: Em um minuto: burpees/descidas nas argolas

Instruções:

- Faça quantas descidas nas argolas puder em uma série. Depois faça uma série máxima de puxadas nas argolas, descidas, flexões com palmas, profundas e, por fim, normais. Repita o circuito 5 vezes, com descanso mínimo entre as séries;
- Faça 6 séries de movimentos de arranque até a cabeça, com um peso que permita fazer 3 a 6 repetições por série, mantendo boa postura;
- Abdômen: 5 séries com o máximo de repetições na posição sentada em L na argola;
- MetCon: Em um minuto, faça 5 burpees e o máximo de descidas nas argolas para um total de 6 minutos.

SÉRIE QUATRO

LEVANTAMENTO

Exercício básico: Levantamento de peso em dois movimentos
Abdômen: Complete 5 séries na posição limpador de para-brisa suspenso
MetCon: Circuito de HSPUs, levantar peso em dois movimentos, deadlifts

Instruções:

- Postura e técnica são essenciais. Sacrificar a postura correta não o tornará mais forte; apenas o deixará lesionado. Recomenda-se participar de um programa de treinamento prático ao vivo, ministrado por um profissional quanto a esses levantamentos antes dos exercícios. Se não for possível fazer os levantamentos com técnica e postura corretas, NÃO FAÇA. VOCÊ FICARÁ LESIONADO;
- Faça 8 a 10 séries levantando peso em dois movimentos, aumentando até 4 séries com um peso que permita completar 2 a 4 repetições;
- Abdômen: Complete 5 séries de movimento limpador de para-brisa;
- MetCon: Faça 30 repetições de levantamento de peso em dois movimentos com ~60% de peso corporal sem descer a barra, descanse 2 minutos; faça 20 repetições com o mesmo peso, descanse 2 minutos; faça 10 repetições.

AGACHAMENTO

Exercício básico: Agachamento com barra acima da cabeça e atrás
Abdômen: 100 abdominais com ~20% do peso corporal no peito
MetCon: Corrida

Instruções:

- Mantenha a postura firme ao fazer os exercícios. Não fazer isso pode resultar em lesão grave. Não deixe que seu ego dite o peso usado;
- Faça 8 a 10 agachamentos com peso acima da cabeça, aumentando o peso em cada série até não conseguir mais. Descanse 2 a 3 minutos entre as séries. Quando não conseguir, volte ao peso usado por último e faça mais 3 séries no máximo;
- Quando terminar, adicione ~20% a esse peso. Deve ser um peso que você possa agachar com a barra atrás cerca de 10 vezes. Agora faça 20 agachamentos com barra atrás sem soltar a barra. Deve ser a série mais pesada de agachamentos já feita. Da repetição 12 em diante, cada uma deve exigir foco total, concentração, coragem e grande vontade;
- Abdômen: Com uma anilha no peito com cerca de 20% do peso corporal, faça 100 abdominais;
- MetCon: Corra 3km em um bom ritmo.

Lembrete: Durante os levantamentos, mantenha uma postura firme e correta. A postura é essencial. Se começar a mudar, pegue leve no peso.

EXERCÍCIOS DO GUERREIRO

Em muitos empregos é preciso viajar. As viagens podem dificultar fazer exercícios.

MAS NÃO IMPOSSIBILITAM.

Há muitos modos de fazer bons exercícios viajando.

Então. Se você for para um lugar por um longo período de tempo, como em uma operação militar, será importante planejar antes para levar ou ter acesso ao equipamento certo para poder continuar se exercitando. No setor civil, se passar muito tempo em uma área, isso pode significar frequentar uma academia local.

Se você leva o equipamento, utiliza o de outra pessoa ou frequenta uma academia local, quase sempre é possível preparar ou ter acesso a uma boa área de exercícios físicos e manter o programa.

VIAJANTE

Viajar em períodos mais curtos, de um a quatro dias, às vezes pode causar mais perturbação do que as longas viagens. A dificuldade em levar o equipamento na viagem é um problema porque despachar malas é arriscado e demorado em uma agenda já apertada.

Sim. Quando eu viajo, levo pouca coisa. Levo um saco com pó de magnésio, munhequeiras, notebook para controlar meus exercícios, um tubo de náilon de uma polegada e uma bola dura (um pouco maior que uma bola de lacrosse) para exercícios de mobilidade e manutenção.

Se o hotel tem academia, vou lá e uso. É claro que as academias de hotéis geralmente são ridículas. Elas não têm pesos muito pesados, podem não ter uma barra fixa ou barras paralelas, e geralmente são pequenas. Mas entro e improviso. Farei o que puder para reproduzir meus exercícios reais. Devido à falta de peso, meus exercícios costumam consistir em pesos mais leves e mais repetições. Se existe algum tipo de barra fixa, eu a utilizo. Do contrário, às vezes penduro uma toalha em um dos equipamentos na academia e faço barras assim. Muitas vezes fiz movimentos de descida entre duas esteiras. Pulo sobre bancos, pulo corda para acelerar os batimentos cardíacos e procuro qualquer outro objeto disponível na academia que eu possa usar para fazer meu sangue circular.

Considero esses exercícios mais uma rotina de manutenção do que um exercício que resultará em uma progressão séria.

Outras vezes o hotel não tem academia, ela é inútil ou tenho uma agenda muito apertada e me falta tempo. Nesses casos, costumo fazer exercícios no chão do quarto. Esses exercícios são muito básicos e, de novo, geralmente não consistem em um grande avanço em meu condicionamento físico. São mais focados em manter a disciplina de fazer exercícios cedo, obtendo os benefícios resultantes de treinar: fluxo de sangue para o cérebro, liberação de endorfinas e dar início ao meu dia. E mais, tento planejar minha agenda para fazer valer o treinamento físico cruel de vários dias antes de pegar a estrada para que meu corpo exija descanso e eu possa usar exercícios simples para me recuperar.

Dito isso, tenho alguns exercícios rápidos para me manter nos trilhos quando estou viajando.

Para um exercício de barra, tento encontrar algum tipo de barra fixa. Em geral, consigo encontrar uma na garagem do hotel (verifique se é firme!) ou do lado de fora, em uma árvore, parte de um andaime ou qualquer coisa assim. Então faço 8 a 10 séries de barras pendurado de modo muito lento e controlado, focando a direção negativa, descendo lentamente. Também posso fazer vários tipos de barras: pegada supinada, peito na barra, typewriter e muitas outras variações. Se preciso fazer o sangue circular, faço algumas flexões burpee e abdominais.

Para um exercício de flexão no quarto do hotel, faço muitas flexões. Repetições de 80, 70, 60, 50, 40, 30, 20, 10. Outra variação são repetições de 10, 10, 10, 10, 10, 100, 50, 50, 33, 33, 33, 25, 25, 25, 25, 20, 20, 20, 20, 20, 10, 10, 10, 10, 10. Além disso, faço alguns burpees, 100 no menor tempo possível. E, claro, muitos abdominais.

No dia de levantamentos, faço flexões com parada de mãos, 8 a 10 séries no máximo, combino com algumas pranchas com levantamento dos braços, polichinelos, círculos com os braços, e claro… burpees.

Se acabo em um quarto de hotel no dia de agachamento, há muitas opções. Uma que gosto de fazer são os agachamentos unilaterais (com uma perna apenas) e agachamentos com salto. Faço 10 unilaterais em cada perna, depois 20 com salto; depois faço 9 unilaterais em cada perna e 18 com salto; então 8 e 16 até chegar em 1 unilateral em cada perna e 2 com salto. Outras possibilidades são agachamentos, saltos separados, exercícios mountain climber, agachamentos com impulso e, sim, burpees.

Se realmente sinto dores e preciso de um dia para me recuperar, faço um bom alongamento, um pouco de abdominais, alguns treinos MobilityWOD, com 100 burpees combinados para fazer o sangue circular.

Como disse, grande parte dessas rotinas é mais para manter o bom condicionamento ao viajar por alguns dias, fazendo o sangue circular para acordar e ficar em alerta, mantendo minha disciplina.

Se preciso de exercícios reais, basta aumentar o volume de exercícios no hotel. Qualquer um deles pode ficar cruel quando o volume e a intensidade são aumentados. Eu já fiquei acabado muitas vezes nos quartos de hotel no mundo inteiro. Só é preciso criatividade e, lógico, VONTADE.

Sim. Quando estiver viajando, não tenha preguiça. Não seja complacente. Não use a viagem como desculpa.

Seja criativo. *Agressivo*. *Faça*. Quando estiver viajando,

CONTINUE NOS TRILHOS.

PROGRESSO E EXPLORAÇÃO

Há muito mais do que mencionei.

Veja as kettlebells [bolas de ferro com uma alça]. Elas são um modo incrível de entrar em forma. Balançar, fazer arranques até a cabeça, agachar na posição goblet, puxar no alto, agachar com peso, levantamento turco, flexões de braço com peso, flexões com remadas, e a lista não para. Acrescente elas à sua rotina para continuar. Use-as para complementar seus exercícios ou fazer alguns dias só com kettlebells.

Também há um número inacreditável de movimentos que podem ser tirados da ginástica. O muscle-up é a base dos meus exercícios físicos e é

CONTÍNUOS

um movimento essencial da ginástica. Outros movimentos, como elevações das pernas em suspensão, sentar em L, elevações em V, alavancas para frente e para trás, todos os tipos de flexões em vários planos. A lista continua. Encontre uma academia, um instrutor ou um programa online para começar a seguir alguns dos exercícios funcionais mais difíceis do mundo.

E não pare com as kettlebells e a ginástica. Continue procurando. Continue *experimentando*. Explorando. Melhorando.

FAÇA

Não fique apenas na leitura deste livro.
Não fique apenas ouvindo podcasts.
Não fique apenas assistindo a vídeos online.

Não fique apenas fazendo anotações.
Não fique apenas estudando essas anotações.
Não fique apenas compartilhando-as com seus amigos.

Não fique apenas planejando.
Não fique apenas marcando no calendário.
Não fique apenas "motivado".

Não fique apenas falando.
Não fique apenas pensando.
Não fique apenas sonhando.

Não. Nada disso importa.

A única coisa importante é que você realmente faça.

SIM:

FAÇA.

ROTAPLAN
GRÁFICA E EDITORA LTDA
Rua Álvaro Seixas, 165
Engenho Novo - Rio de Janeiro
Tels.: (21) 2201-2089 / 8898
E-mail: rotaplanrio@gmail.com